MiouMiou Schnittmuster

Jetzt näh' ich mit

Jersey Jacquard

Lässige Streetwear für alle Gelegenheiten

CV

Hallo Ihr lieben Nähfreudigen, Modebewussten, Stoffsüchtigen,

seit zwei, drei Jahren haben sich ganz besondere Stoffe in unsere Herzen geschlichen: gestrickte bzw. gewirkte Jacquards in unzähligen Qualitäten, Farben und Musterungen, mittlerweile in allen Stoffgeschäften und Onlineshops erhältlich. Auch mich hat dieses Thema gepackt, begeistert und nicht wieder losgelassen. Daraus entstand die Idee für ein Schnittmuster-Buch speziell für Kleidung aus dehnbaren Jacquardstoffen, die cool und stylisch, leicht und schnell nachzuarbeiten und unbedingt untereinander kombinierbar sein sollten: einige, wenige Einzelstücke und viele Modelle, die zu kompletten Looks zusammengestellt werden können!

Meine erste Aufgabe: passende Schnitte für dehnbare Jacquards zu erstellen. Das ist mein Spezialgebiet und war somit relativ leicht. Zweite Aufgabe: passende Jacquard-Qualitäten zu den jeweiligen Schnittmustern finden. Das war nicht mehr so leicht! Warum? Weil die Auswahl an dehnbaren Jacquards mittlerweile traumhaft schön und wahnsinnig groß ist! Sich bei diesem kreativen Projekt auf einige wenige Stoffe und Möglichkeiten zu beschränken, wäre einfach zu schade gewesen! Der Ausweg: Statt wie sonst jedes Modell nur einmal zu nähen, habe ich (für fast alle Modelle) gleich noch eine zweite Variante geplant, um die ganze Bandbreite dieses wunderbaren Materials aufzeigen zu können.

Ich konnte aus dem Vollen schöpfen. Es gibt leichtere Stoffe für Blusenshirts, Kuscheliges für Hoodies und Kleider, stabile Qualitäten für Hosen und Röcke, Voluminöses für den Mantel und weich Fließendes für den Poncho. Für jeden Schnitt habe ich das geeignete Material aufgestöbert, auch dank meiner großzügigen Stoffsponsoren, deren Stoffe Du auch online bekommen kannst.

Bald setzte sich in meinem Kopf noch eine weitere Idee fest: Die entstandene Streetwear-Mode im trendigen Bloggerstyle auf der Straße zu fotografieren... es hat geklappt und alle Fotos sind so viel lebendiger als Studiofotos je sein könnten.

Und jetzt überlasse ich Euch das Feld: Legt los, schnippelt und näht und habt vor allen Dingen Spaß!

Mechthild Wichard

Miou Miou Schnittmuster

Falls Ihr mich noch nicht kennt: Ich bin Mechthild Wichard, Bekleidungs-Technikerin und -Gestalterin. Mein Label Miou Miou Schnittmuster startete 1998 mit vier Schnittmustern, zwei für Mädchen, zwei für Jungs. Seitdem sind in mehr als zwanzig Jahren unter meiner Feder schon unzählige Papierschnittmuster, E-Books, zwei Nähbücher und auch Kinderschnitte für drei Ausgaben der „Little Darling" aus dem OZ Verlag entstanden.

Seit einigen Jahren testet ein großes Probenähteam meine neuen Schnittmuster. So bekommst Du immer Schnitte, die auf Herz und Nieren geprüft sind, und außerdem kannst Du an den Modellvarianten, die das Probenähteam gezaubert hat, gleich sehen, wie vielfältig sich die Schnitte umsetzen lassen. Auch von den vielen Modellen aus diesem neuen Buch gibt es wunderschöne Nähbeispiele des Teams zu bewundern: hier im Buch beim jeweiligen Modell und weitere in meinem Shop. Alle Produkte gibt es im Shop unter www.mioumiou.de, Du kannst mir bei Facebook unter www.facebook.com/MiouMiouSchnittmuster folgen oder mich bei www.instagram.com/miou_schnittmuster besuchen!

Dank an mein Probenähteam

Ein ganz herzliches und riesengroßes Dankeschön möchte ich noch an mein fleißiges, innovatives Probenähteam richten: Ihr habt dafür gesorgt, dass sich zu meinen Modellen noch weitere zauberhafte Varianten gesellen, die wie immer auch Eure eigenen Vorlieben widerspiegeln: Eure Ideen, Eure Stoffe, Eure Fotos! Ihr seid großartig Mädels, es war mir wieder einmal eine große Freude, mit Euch kreativ zu sein!

Inhalt

Schwierigkeitsgrade:

✂ = einfach

✂✂ = mittel

✂✂✂ = anspruchsvoll

Was Du wissen solltest

Zuschnitt

Maßnehmen und Schnittgröße:
Ausschlaggebend für die Schnittgröße bei Röcken und Hosen ist die Übereinstimmung mit dem Hüftmaß. Miss also zuerst Deine Taillen- und Hüftweite mit einem Maßband und vergleiche die Maße mit der Maßtabelle. Wähle die Größe aus, bei der das Hüftmaß aus der Tabelle Deinem Maß am ehesten entspricht. Die Taillenweite sollte erst an zweiter Stelle berücksichtigt werden. Falls Deine Taillenweite sehr von dem entsprechenden Maß in der Tabelle abweicht, solltest Du überlegen, den Schnitt in der Taille anzupassen, indem Du die Taillenweite an den Seitennähten von Vorder- und Rückenteil jeweils um ein Viertel des Differenzbetrags abänderst.
Ausschlaggebend für die Schnittgröße bei Oberteilen, Jacken, Mänteln und Kleidern ist in erster Linie die Oberweite. Geh hier genauso vor, wie oben beschrieben: Oberweite ausmessen und in der Tabelle die Größe aussuchen, die am ehesten Deinem Maß entspricht. Den Schnitt gegebenenfalls anpassen, falls die anderen Maße sehr von denen in der Tabelle abweichen.

Konfektionsgröße	34	36	38
Oberweite	78–81	82–85	86–89
Taillenweite	63–65	66–69	70–73
Hüftweite	88–91	92–95	96–98

Konfektionsgröße	40	42	44
Oberweite	90–93	94–97	98–102
Taillenweite	74–77	78–81	82–85
Hüftweite	99–101	102–104	105–108

Nahtzugaben:
Benötigte Zugaben für Rock-, Hosen-, oder Ärmelsäume sind in den jeweiligen Schnittteilen bereits enthalten. Bei allen anderen Nähten gibst Du jeweils einen Zentimeter Nahtzugabe dazu. Ganz genaue Angaben hierzu findest Du immer unter dem jeweiligen Modell. Tipp: Bei voluminösen, dickeren Stoffen (z.B. bei Mänteln oder Pullovern) ist eine Nahtzugabe von 1,5 cm durchaus empfehlenswert. Dann lassen sich Nahtzugaben besser flach bügeln und absteppen, die Stoffkanten müssten hier dann allerdings auch einzeln versäubert werden. Wenn Du ein neues Schnittmuster ausprobierst, solltest Du generell ein wenig mehr Nahtzugabe einplanen, damit Du noch die Möglichkeit für Änderungen hast.

Schnittmuster abpausen:
Die originalgroßen Schnittteile findest Du auf den beigefügten Schnittbogen A–D. Am besten paust Du diese mit Seidenpapier, Transparentpapier oder Schnittmusterfolie ab.

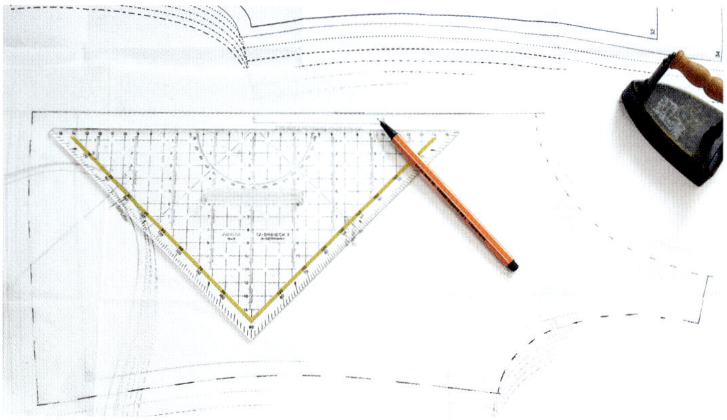

Ganz wichtig: Übertrage die Beschriftung vom Schnittbogen auf Dein abgepaustes Schnittteil: Modellnummer, Größe, Fadenlauf, Kräuselmaße, Markierungen usw. Zeichne schon jetzt die Nahtzugabe mit an, dann musst Du später beim Zuschnitt nur noch rundherum ausschneiden. Du sparst Dir so den Arbeitsgang »Nahtzugabe anzeichnen«.

Nahtzugaben anzeichnen:
Falls Du die Nahtzugabe doch lieber auf dem Stoff anzeichnen möchtest, verwende hierzu Schneiderkreide, Kreidestift oder auch einen Markierstift.

Fadenlauf/Maschenlauf:
Der Maschenlauf bei Strickware entspricht dem Fadenlauf bei Webware und ist die Richtung, in der die Stoffe gestrickt wurden. Der Faden-/Maschenlauf verläuft immer parallel zur Web- bzw. Stoffkante. Beim Zuschnitt werden die Schnittteile mit ihrem eingezeichneten Fadenlauf parallel zur Stoffkante aufgelegt.

Stoffbruch:

Die Stoffbruchlinie kennzeichnet die Mitte eines Schnittteils. Nach dem Zuschnitt ist das zugeschnittene Teil doppelt so groß wie das verwendete Papier-Schnittteil. An der Stoffbruchlinie ist keine Kante oder Naht! Soll zum Beispiel ein Vorderteil im Stoffbruch zugeschnitten werden, wird der Stoff soweit doppelt übereinandergeschlagen wie benötigt. Dann wird das Schnittteil genau an diese Umbruchkante gelegt und zugeschnitten. Klappst Du das Teil anschließend auseinander, hat es die gewünschte doppelte Größe, ohne eine Naht in der Mitte.

Einfache und doppelte Stofflage:

Für Kleidungsstücke benötigt man in der Regel **doppelt** zugeschnittene Teile, also zwei Ärmel, zwei Kapuzenteile oder auch Vorder- und Rückenteile, doppelt im Stoffbruch zugeschnitten. Es gibt ein paar Ausnahmen, bei denen Schnittteile in **einfacher Stofflage** zugeschnitten werden müssen, z.B. wenn der Schnitt asymmetrisch ist wie beim Rock Dublin. Die **Zuschneidepläne** im Buch zeigen Dir, wie Deine Schnittteile auf die verschiedenen Stoffe aufgelegt werden. Schau Dir genau an, welche Teile im Stoffbruch, doppelt oder einfach (gestrichelt dargestellt) zugeschnitten werden müssen.

Zuschnitt mit Schere oder Rollschneider:

Für das Zuschneiden kannst Du entweder eine Schneiderschere oder auch einen Rollschneider mit Schneidematte benutzen.

Nähen

Versäubern:

Für das Nähen der Modelle reicht eine einfache Nähmaschine aus. Mit dem Zickzackstich oder einem Spezialstich Deiner Maschine versäuberst Du **nach** dem Zusammennähen der Teile die Nahtzugaben gemeinsam. Keinesfalls schon vorher, da sich beim Versäubern der einzelnen Teile der Stoff ausdehnt und anschließend nichts mehr zusammenpasst! Natürlich kannst Du auch mit einer Overlockmaschine nähen und gleichzeitig versäubern. Denke daran, dass Du dann nur eine Nahtzugabe von ca. 7 mm benötigst.

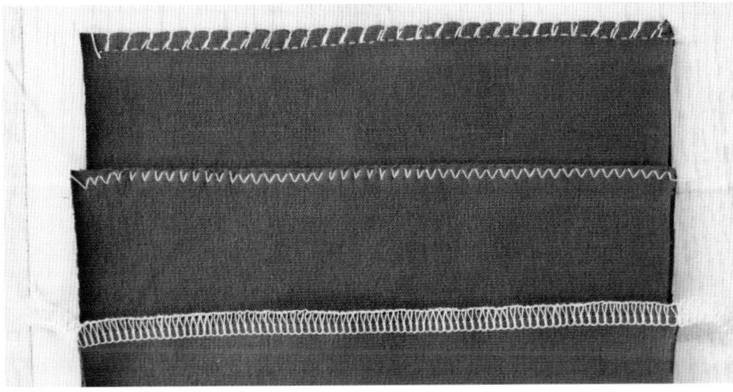

Sticharten Deiner Nähmaschine:

Geradstich: Nutzstich für nicht dehnbare Stoffe.
Zickzackstich: Nutzstich zum Versäubern der Kanten. Wichtig: Immer darauf achten, dass die Nadel beim Übernähen der Kante abwechselnd in den Stoff und ins Leere sticht. Ein schmal eingestellter Zickzackstich (Stichbreite hierzu verringern) kann auch als dehnbarer Stich eingesetzt werden.
Elastische Stiche: Spezialstiche für dehnbare Stoffe, z.B. Doppel- oder Dreifach-Stretchstiche, Overlockstiche usw.

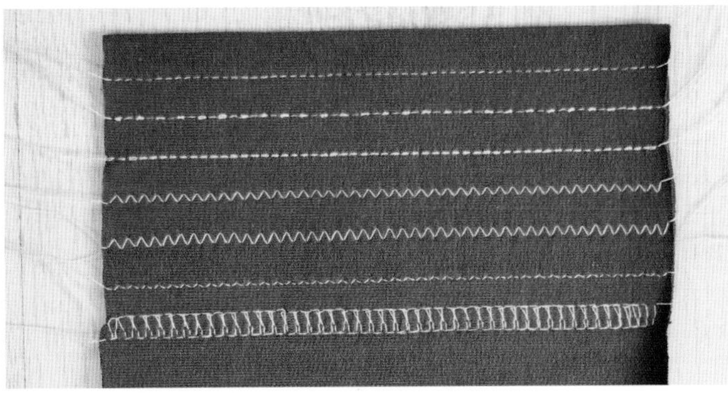

Nähte verriegeln:

Damit die Fadenenden beim Nähen gesichert sind, nähe am Anfang und Ende der Naht immer 3–4 Stiche vor und zurück.

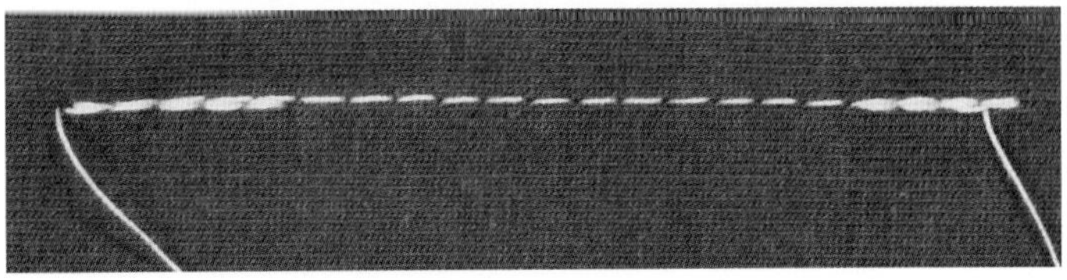

Maschinennadeln:

Es gibt für alle Stoffe die passenden Nähmaschinennadeln: für Seide, Mikrofaser, Jeans, Leder usw. Ein gemischtes Sortiment verschiedener Nadelstärken von 70 (feine Stoffe) bis 100 (feste, dicke Stoffe) ist für den Anfang sehr praktisch. Für dehnbare Stoffe solltest Du aber immer eine Jerseynadel verwenden. Diese hat eine abgerundete Spitze, die verhindert, dass beim Nähen Maschen verletzt werden. Für das Nähen dehnbarer Säume eignet sich die Zwillingsnadel besonders gut. Sie bildet mit zwei Ober- und einem Unterfaden zwei parallel verlaufende Nähte, die nicht nur professionell aussehen, sondern auch sehr elastisch sind. Zwillingsnadeln gibt es in verschiedenen Breiten und Nadelstärken.

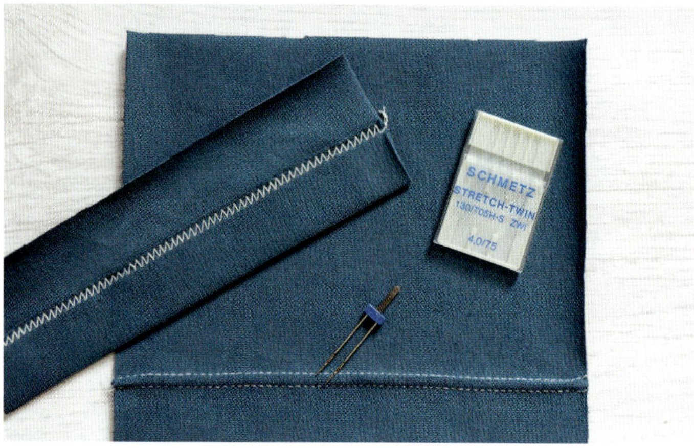

Heften:

Um das Verschieben von Stofflagen zu verhindern, ist das Fixieren mit Reihgarn sehr hilfreich. Reihgarn ist ein locker gedrehter Faden, mit dem man in Handstichen Stoffteile zusammenfügen kann und der sich schnell wieder aus dem Stoff ziehen lässt.

Verstürzen:

Der Ausdruck **Verstürzen** fasst eigentlich mehrere Arbeitsgänge zusammen: Das Zusammennähen zweier Stoffteile (z.B. von zwei Taschenbeuteln), das Zurückschneiden von Nahtzugaben rundherum und an den Ecken, das Einschneiden/Einknipsen von Rundungen und das anschließende Wenden des Teils. Hast Du alles richtig gemacht, wirst Du beim Bügeln feststellen, wie schön sich z.B. eine Tasche mit Ecken und Rundungen legt, ohne dass sich der Stoff unschön verzieht!

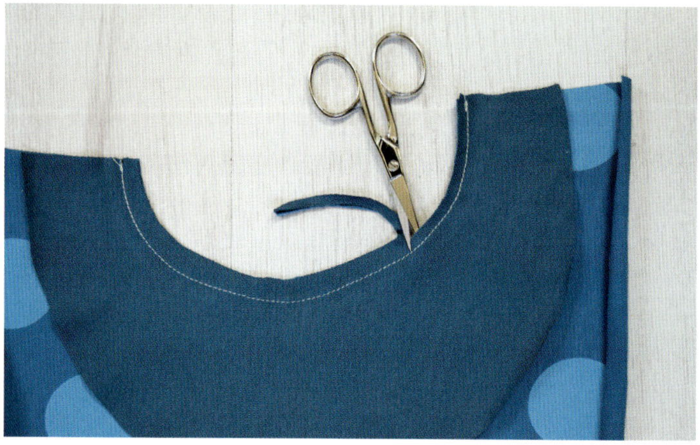

Absteppen von Nähten:

Knappkantig absteppen: Du nähst etwa im Abstand von 3 mm neben der Kante entlang.

Füßchenbreit absteppen: Die Kante des Nähfüßchen läuft beim Nähen exakt an der Stoffkante entlang. Für breitere Abstände kannst Du einen magnetischen Abstandhalter verwenden oder eine Klebebandmarkierung anbringen. Eventuell kannst Du die Nadelposition verstellen und erhälst so verschiedene Abstände.

Rechte und linke Stoffseite – rechts auf rechts:
Die rechte Seite eines Stoffes ist beim fertigen Kleidungsstück immer außen zu sehen. Wenn bei den Arbeitsschritten rechts auf rechts legen oder nähen steht, heißt das: Lege die zugeschnittenen Teile so zusammen, dass die rechten Stoffseiten beider Teile innen liegen. Nach dem Nähen und Wenden des Teils liegt die Nahtzugabe dann innen auf der linken Stoffseite und rechts ist die genähte Naht zu sehen.

Einkräuseln:
Zuerst lockerst Du die Fadenspannung. Dann nähst Du laut Markierung eine Naht mit ca. 3 bis 4 mm und eine mit knapp 1 cm Abstand zur Kante. Nahtanfänge und -enden werden nicht verriegelt. Mit beiden lockeren Unterfäden ziehst Du jeweils von beiden Enden her den Stoff zusammen. Ist die korrekte Weite erreicht, werden Ober- und Unterfäden jeweils miteinander verknotet.

Bündchen

Bündchenware
Das ist eine äußerst elastische und gleichmäßige Strickware, bei der sich rechte und linke Maschen abwechseln und in Längsrichtung durchgehende Rippen bilden. Wird häufig auch als Schlauchware angeboten.
Wichtig: Bündchenware kann in der Elastizität sehr unterschiedlich sein. Deshalb sind die Angaben in den Anleitungen auch nur Richtwerte. Bitte überprüfe vor dem Annähen die Weite der Bündchen für Saum, Ärmel und Ausschnitt und andere sie gegebenenfalls noch ab.

Cuff-Me-Bündchen
Cuff-Me-Bündchen haben schon die fertige Breite, sodass Du sie nur noch in der passenden Länge abschneiden und zu einem Ring zusammennähen musst, um sie an Dein Lieblingsteil annähen zu können.

Grundausstattung

Diese Utensilien solltest Du Dir unbedingt als Grundausstattung anschaffen:
Große Stoffschere, kleine Stickschere, Papierschere, Stecknadeln, Handmaß, Maßband, großes Geodreieck, Nähgarn, Maschinennadeln und Nähnadeln. Zum Anzeichnen: Schneiderkreide oder synthetische Kreide, Kreidestift oder Trickmarker (Markierungen verschwinden nach einer Weile von selbst wieder).

Was ist Jacquard?

Der Franzose Joseph-Marie Jacquard erfand 1805 eine Webmaschine, die es erstmalig ermöglichte, großformatige Musterungen in endlos langen Wiederholungen herzustellen, und zwar mit einem sehr viel geringeren Zeitaufwand, als es vorher der Fall war. Bei dieser neuartigen Maschine konnten die Kettfäden mithilfe von Lochkarten frei bewegt werden. Nadeln tasteten beim Webvorgang die Karte ab, hoben den Faden bei einem Loch und senkten ihn entsprechend, wenn kein Loch vorhanden war. Der Jacquard-Webstuhl revolutionierte nachhaltig das Webergewerbe und führte zu einer weitreichenden Industrialisierung der Textilindustrie in ganz Europa. In den folgenden Jahrzehnten wurden dann auch Webmaschinen für industrielle Musterungen von Strickstoffen entwickelt.

Jacquardgewebe

Viele kennen sicher die typischen **Jacquardstoffe**, bei denen sich die **eingewebten** glänzenden und matten Elemente abwechseln und beide Stoffseiten gleichermaßen gut aussehen. Diese gewebten Jacquardstoffe kommen immer noch bei festlicher Abendkleidung und folkloristischer Mode (Dirndl) zum Einsatz oder auch bei Möbelbezügen, feinen Tischtüchern und Bettwäsche. Als Rohstoffe werden Seide, Baumwolle, Wolle oder auch synthetische Fasern verwendet. Die Muster sind äußerst vielfältig und reichen von Blumen- oder grafischen Ornamenten bis hin zu Karo oder Paisley.

Strick-Jacquard

Mit der oben beschriebenen Jacquard-Technik können auch dehnbare Strickwaren hergestellt werden. Hierbei werden für unterschiedliche Musterungen mehrere farbige Fäden miteinander verstrickt. Die Fäden, die sichtbar sein sollen, liegen vorne, die anderen werden auf der Rückseite gehalten. Beim Übergang von einer zur anderen Farbe verkreuzt man die Fäden, damit kein Loch entsteht. Aus Strick-Jacquard lassen sich am besten dickere Pullover, Strickjacken oder auch Ponchos nähen.

Unterschiede zwischen Jersey-Jacquard und Sweat-Jacquard

Im Handel werden Jersey-Jacquards sowie auch Sweat-Jacquards angeboten. Während Jacquard die **Bindungstechnik** bezeichnet, beziehen sich die Begriffe Sweat oder Jersey auf die jeweilige **Strickart**.
Jersey-Jacquard ist in sich gemustert und wird mit zwei Nadelreihen gestrickt: die Vorderseite glatt rechts mit Muster, die Rückseite in der Grundfarbe mit verwischt erkennbarem Muster. Die Struktur des Stoffes ist eher fest und er ist daher nicht ganz so dehnbar wie herkömmlicher Jersey. Jersey-Jacquard besteht meistens aus Baumwolle, Viskose oder einem Mischgewebe, z. B. aus Baumwolle/Polyester. Aus diesem Material lassen sich hervorragend T-Shirts, Blusenshirts und andere leichte Oberteile nähen.
Sweat-Jacquard ist etwas dicker und schwerer als Jersey-Jacquard. Hier wird ein zusätzlicher Faden auf der Rückseite eingestrickt, der nach Bedarf aufgeraut werden kann, um eine flauschige Innenseite zu erhalten. Sweat-Jacquard besteht häufig aus Baumwolle, oft mit einem kleinen Elastananteil gemischt, wodurch ihm etwas mehr Elastizität verliehen wird. Er kann besonders gut zur Herstellung von warmen Pullovern, Shirts, Mänteln, Jacken und Jogginganzügen oder auch für Kinderbekleidung verwendet werden. Sweat- und Jersey-Jacquards besitzen einen Maschenlauf, der immer parallel zur Stoffkante verläuft.

Eigenschaften von dehnbaren Jacquards

- besonders weiche Oberflächen mit tollem Tragegefühl für Bekleidungsstoffe
- aufgrund der unterschiedlichen Qualitäten ganzjährig tragbar
- hochwertig produziert und sehr strapazierfähig
- aufwendig gestaltete und mehrfarbige Musterungen möglich

Verarbeitung von Jacquard

Da es sich bei allen hier im Buch verarbeiteten Jacquards ausschließlich um dehnbare Materialien handelt, sollten alle Nähte mit einem elastischen Stich der Nähmaschine oder einem schmalen Zickzackstich (Stichlänge 3, Stichbreite 1) genäht werden. Für die Nähmaschine unbedingt eine Jerseynadel in 80er Stärke verwenden. Die Kanten werden entweder mit einem Zickzackstich oder mit der Overlockmaschine versäubert, siehe auch »Was Du wissen solltest«, Seite 9 f.

Jacquard-Modelle stylen

Gegensätze ziehen sich an, daher mein Tipp: Je fester/steifer der Jacquardstoff, desto weich fließender darf das Kombi-Teil ausfallen: Dicker Pulli mag dünnen, fließenden Rock oder Rock aus festem Material liebt weich fließende Bluse ...nachfolgend weitere Beispiele.

Weite, voluminöse Oberteile (Oversizepulli Kopenhagen, Seite 26) mit einem schmalen Rock oder einer engen Hose kombinieren oder auch mal zu einem langen, fließenden Maxirock. Zum Rock in A-Linie (Rock Florenz, Seite 44) passt am besten ein schmales Shirt oder eine zarte Bluse.
Sportliche Shirts lassen sich besonders gut mit Jeanshosen stylen, 7/8-Hosen strecken ebenso das Bein wie farblich passende Stiefeletten dazu.
Egal ob bequemes Kleid mit Wickelkapuze (Kleid Stockholm, Seite 20) oder schickes Kleid mit Stehkragen (Kleid Amsterdam, Seite 14), beide sehen mit Sneakers kombiniert super cool aus!
Ein weiter Poncho braucht ein schmales Unterteil, egal ob Hose oder Rock und kann mit einem Gürtel prima auf Figur gebracht werden.
Das Shirt mit Rückenausschnitt (Shirt Capri, Seite 50) ist herrlich retro angehaucht ... style Dich doch einfach mal wie Audrey Hepburn mit passender Frisur (Pferdeschwanz, Hochsteckfrisur), dazu eine 7/8 Hose, Ballerinas, Sonnenbrille und Mini-Handtasche.

Amsterdam

Kleid mit Stehkragen

Größe: 34–44 • **Schwierigkeitsgrad:** ✂✂ • **Schnittteile:** 11a bis 11h auf Bogen D

Dieses zauberhafte Kleid im Retrostyle wird Dich begeistern! Es kommt ganz ohne Verschluss aus und ist daher ruckzuck genäht. Figurbetont, aber mit leicht ausgestelltem Rock schmeichelt es jeder Figur und das Bindeband bringt es zusätzlich in Form: der ideale Begleiter in allen Lebenslagen.

Material

- 200 cm Strick-Jacquard in Messing (Variante 1), 140 cm breit
  oder
- 200 cm Jersey-Jacquard in Pink (Variante 2)
- Optional für den Kragen: 15 cm dehnbare Einlage, 90 cm breit, z. B. Vlieseline H 609

Tipp zum Modell: Das Kleid hat nur 8 Nähte an Vorder- und Rückenteil, aber diese sollten perfekt sitzen. Meine Empfehlung daher: Nähe Dir vorab ein Probekleid aus günstigem Stoff in ähnlicher Qualität und mit einer Nahtzugabe von 1,5 bis 2 cm für mögliche Änderungen. Falls Du Anpassungen vorgenommen hast, übertrage diese anschließend auf die abgepausten Schnittteile. Nun kannst Du mit »normaler« Nahtzugabe weitere Lieblingsstücke nähen!

Zuschneiden

Nahtzugaben: 3 cm breite Saumzugaben – auch am Ärmel – sind im Schnitt bereits enthalten, an allen anderen Kanten 1 cm Nahtzugabe hinzufügen.

Jacquard

- 1-mal mittleres Vorderteil 11a im Stoffbruch
- 2-mal seitliches Vorderteil 11b
- 2-mal seitliches Rückenteil 11c
- 1-mal mittleres Rückenteil 11d im Stoffbruch
- 2-mal Ärmel 11e
- 2-mal vorderer Kragen 11f im Stoffbruch
- 2-mal hinterer Kragen 11g im Stoffbruch
- 2-mal Bindegürtel 11h

Zuschneideplan

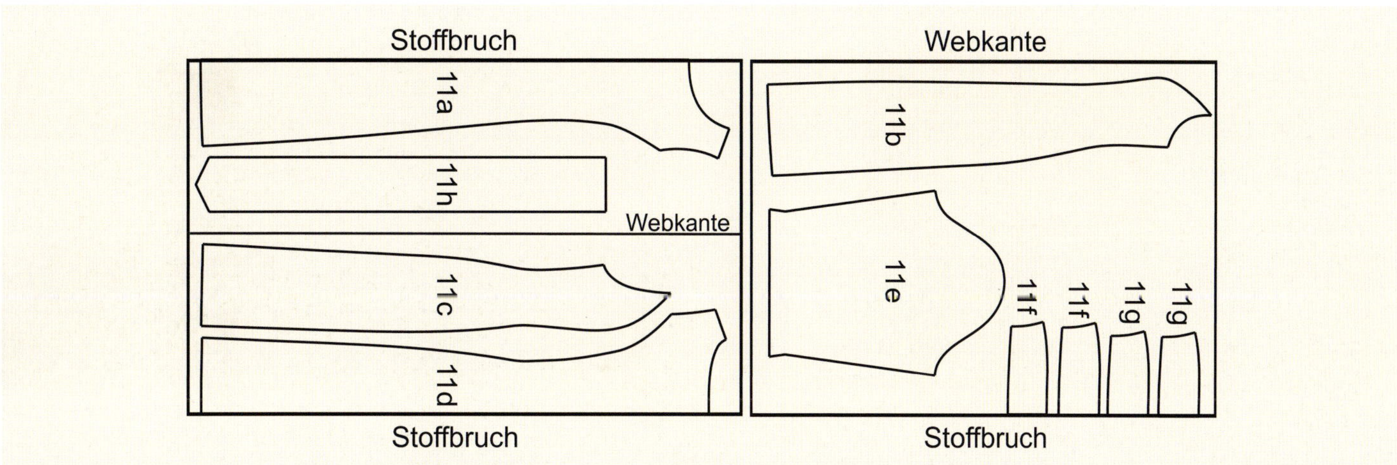

Einlage (optional)

- 1-mal vorderer Kragen 11f im Stoffbruch
- 1-mal hinterer Kragen 11g im Stoffbruch

So wird's gemacht

Hinweis: Übertrage die im Schnitt eingezeichneten Passzeichen an Vorder-, Rücken- und Seitenteilen entweder mit einem Markierstift oder einem kleinen Knips (max. 3 mm tief) auf den Stoff oder stecke jeweils auf Höhe der Markierung eine Stecknadel. Für diesen Schnitt **nur** elastische Stoffe verwenden. Alle Nähte sollten ebenfalls elastisch sein, verwende zum Nähen eine Jerseynadel, siehe auch »Was Du wissen solltest«, Seite 9 f.

2a

2b

2c

1 Alle Teile laut Zuschneideplan zuschneiden.

2 **Teilungsnähte:** Die vorderen Seitenteile rechts auf rechts an das mittlere Vorderteil stecken **2a + 2b** und annähen. Die Nahtzugaben zusammen versäubern, zur Mitte bügeln und dann die Nähte von rechts füßchenbreit absteppen. Beim Rückenteil genauso vorgehen **2c**.

3

4a

4b

4c

4d

4e

4f

4g

5

3 Die Schulter- und Seitennähte rechts auf rechts schließen und die Nahtzugaben jeweils gemeinsam versäubern **3**.

4 **Ärmel nähen:** Die unteren Ärmelkanten versäubern, dann eine Linie mit 6 cm Abstand zur unteren Kante (= doppelte Breite des Ärmelsaums) mit Schneiderkreide oder einem Trickmarker auf der linken Stoffseite anzeichnen **4a**. Die untere Kante genau bis zur Markierung umlegen, bügeln und feststecken **4b**. Anschließend den Saum entlang der oberen Kante knappkantig von links feststeppen **4c**. Damit die typische Doppelnaht entsteht, wird noch ein zweites Mal parallel zur vorher genähten Naht in gewünschter Breite abgesteppt, diesmal aber von rechts **4d**. Falls die Saumnaht dehnbarer sein soll, kann man hier zum Absteppen auch einen flach eingestellten Zickzackstich oder eine Zwillingsnadel verwenden. Die Ärmelnähte rechts auf rechts schließen und die Nahtzugaben zusammen versäubern. Die fertigen Ärmel sehen jetzt von rechts und links jeweils so aus **4e**. Die Ärmel rechts auf rechts in die Armausschnitte stecken, hierbei treffen die Seitennähte von Oberteil und Ärmel sowie Schulternaht und Passzeichen des Ärmels jeweils aufeinander **4f**. Das Kleid sieht jetzt so aus **4g**.

5 Den Saum versäubern und dann wie bei den Ärmeln umbügeln und absteppen **5**.

6a

6b

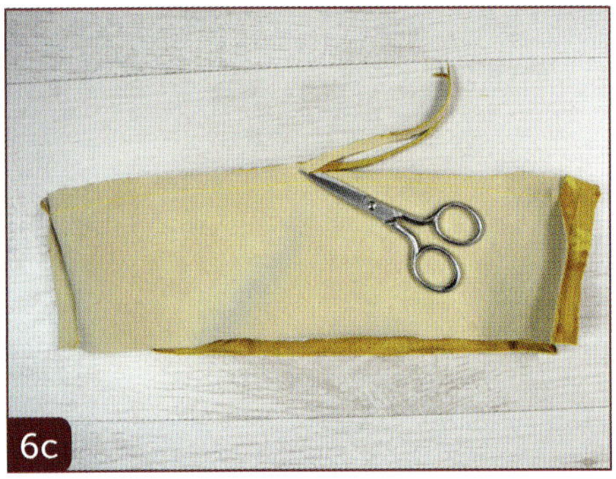

6c

6d

6e

6f

7a

7b

7c

6 **Kragen nähen:** Falls gewünscht, Einlage auf jeweils einen vorderen und einen hinteren Kragen bügeln (= äußerer Kragen). Jeweils einen vorderen und hinteren Kragen an den Seitennähten (= kurze Kanten) rechts auf rechts zusammennähen **6a**, so erhält man den äußeren und den inneren Kragen. Äußeren und inneren Kragen dann rechts auf rechts an den oberen Kanten zusammenstecken **6b** und aufeinandernähen. Die Nahtzugaben etwas zurückschneiden **6c**, Kragen auf rechts wenden und die Oberkante bügeln. Die obere Kante des Kragens füßchenbreit absteppen und anschließend die unteren, offenen Kanten aufeinanderstecken sowie die vordere und hintere Mitte des Kragens jeweils mit einer Stecknadel markieren **6d**. Am Halsausschnitt ebenfalls die vordere und hintere Mitte markieren und den Kragen so rechts auf rechts in den Ausschnitt stecken, dass die Schulternähte auf die Seitennähte des Kragens und die Markierungsnadeln von Kragen und Oberteil genau aufeinandertreffen. Anschließend den Kragen rundherum feststecken **6e** und am Ausschnitt feststeppen. Die Nahtzugaben zusammen versäubern. Der fertig genähte Kragen sieht nun so aus **6f**.

7 **Bindegürtel nähen:** Beide Gürtelteile rechts auf rechts legen und an der kurzen, geraden Kante zusammennähen **7a**. Die Nahtzugaben auseinanderbügeln. Den Gürtel der Länge nach rechts auf rechts zur Hälfte legen, sodass die Längskanten genau aufeinanderliegen, und feststecken **7b**. Die beiden schrägen, kurzen Seiten und die

obere Kante bis auf eine Wendeöffnung zusammennähen. Die Nahtzugaben etwas zurückschneiden und an den spitzen Ecken schräg abschneiden **7c**. Den Gürtel auf rechts wenden und die Öffnung von Hand mit ein paar Stichen zunähen. Anschließend den Gürtel bügeln **7d**.

Miss ⚓ Elbneedle

Andrea Schiele
Miss Elbneedle

Vor 6 Jahren begann alles mit ein paar Kindermützen, die ich auf der uralten Maschine meiner Mutter genäht habe, tja und dann packte mich der Virus! Kreativ sein, individuelle Kleidung und Taschen entstehen lassen und anschließend in geeigneten Locations bildlich umsetzen – das ist der perfekte Ausgleich zu meinem Job als Lehrerin.

www.misselbneedle.de
www.instagram.com/miss_elbneedle

Stockholm

Shirtkleid mit Wickelkapuze

Größe: 34–44 • **Schwierigkeitsgrad:** ✂✂ • **Schnittteile:** 12a bis 12g auf Bogen C

Wenn Du eigentlich nicht so der Typ für schicke Kleider und Röcke bist, ist das Kleid Stockholm die perfekte Alternative für Dich! Ein sportlich, bequemes Shirtkleid mit cooler Wickelkapuze ... ein absoluter Hingucker! Sehr aktuell sind die passenden Cuff-Me-Bündchen und die extrabreite Kordel bei Variante 1. Etwas feiner kommt Variante 2 daher, hier erhält das Kleid Bündchen aus Oberstoff und hübsche Perlen-Stopper.

Material

- Oberstoff: Größe 34–38: 170 cm, Größe 40 und 42: 180 cm, Größe 44: 185 cm Strick-Jacquard, 140 cm breit
- **Variante 2:** Wenn die Bündchen auch aus Strick-Jacquard zugeschnitten werden, erhöht sich der Stoffverbrauch jeweils um 20 cm.
- Futter für die Kapuze: 50 cm, 140 cm breit
- 2 Ösen, Ø 8–11 mm je nach Stärke/Dicke der Kordel
- Rest Leder oder waschbares Papier in Lederoptik (SnapPap)
- 140 cm Kordel und 2 passende Kordelstopper
- **Variante 1:** Cuff-Me-Bündchen, 130 cm lang

Tipp zum Modell: Das Kleid lässt sich in der Länge prima anpassen: Den Saum zu kürzen oder zu verlängern ist hier kein Problem. Wenn das Nähen noch schneller gehen soll, kannst Du statt der Kapuze auch einfach ein Halsbündchen annähen.

Zuschneiden

Nahtzugaben: An allen Kanten 1 cm Nahtzugabe hinzufügen.

Oberstoff

- 1-mal Vorderteil 12a im Stoffbruch
- 1-mal Rückenteil 12b im Stoffbruch
- 2-mal Ärmel 12c
- 2-mal Kapuze 12d
- 2-mal Tasche 12e (evtl. auf den Musterausschnitt achten)
- 1-mal Saumbündchen 12f im Stoffbruch (Variante 2)
- 2-mal Ärmelbündchen 12g (Variante 2)

Futter

- 2-mal Kapuze 12d

So wird's gemacht

Für diesen Schnitt **nur** elastische Stoffe verwenden. Alle Nähte sollten ebenfalls elastisch sein, verwende zum Nähen eine Jerseynadel, siehe auch »Was Du wissen solltest«, Seite 9 f.

Zuschneideplan

Oberstoff

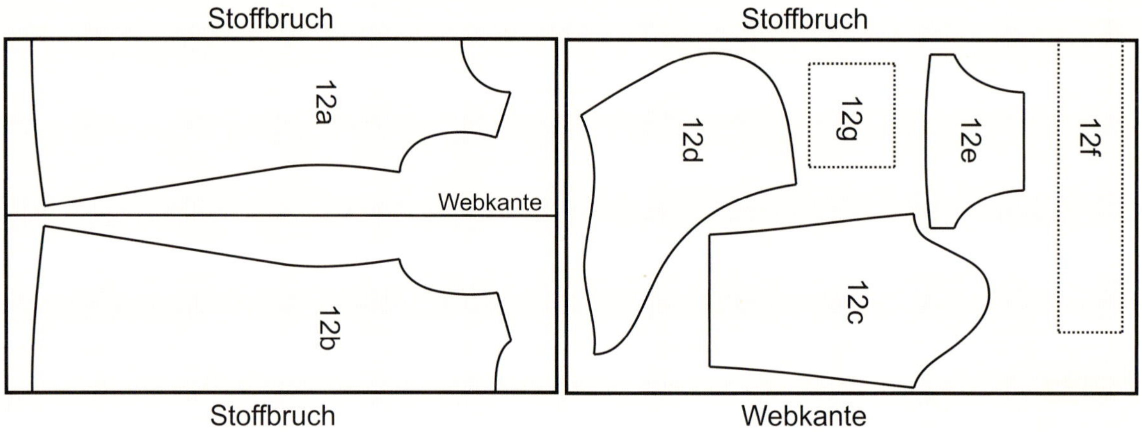

Futter

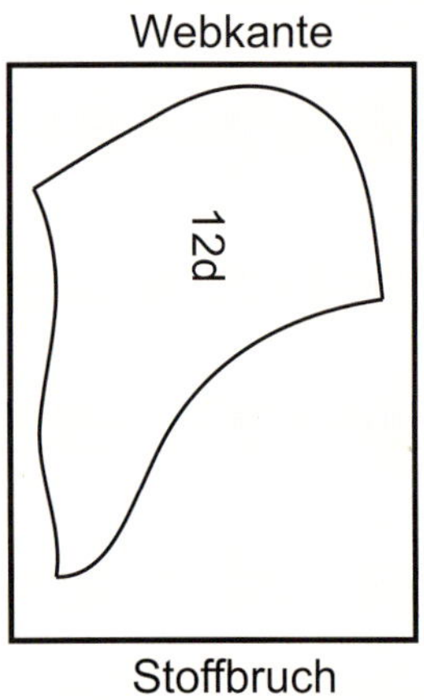

1 Alle Teile laut Zuschneideplan zuschneiden. Die Cuff-Me-Bündchen werden in der Länge genauso zugeschnitten wie das Saumbündchen 12f (1x) und die Ärmelbündchen 12g (2x).

2 **Tasche nähen:** Die beiden Taschenteile rechts auf rechts legen und rundherum zusammennähen, nur

2a

2b

2c

an der unteren Kante ein Stück zum Wenden offen lassen **2a**. Die Nahtzugaben an den Ecken schräg wegschneiden und an den Taschenrundungen bis dicht an die Naht einknipsen **2b**. Die Tasche wenden, bügeln und die Tascheneingriffe absteppen. Die Tasche, wie auf dem Schnitt eingezeichnet, auf dem Vorderteil feststecken **2c** und anschließend die obere und untere Taschenkante füßchenbreit feststeppen. Die Nahtenden an den Tascheneingriffen zusätzlich noch einmal mit ein paar Extrastichen sichern.

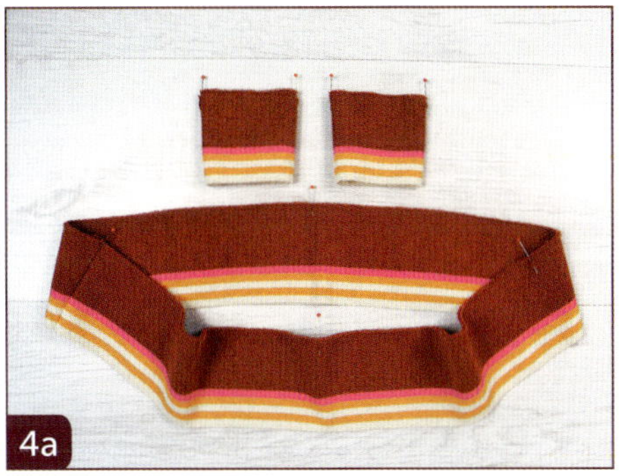
4a

3 Nähte: Die Schulternähte rechts auf rechts schließen, dann die Ärmel rechts auf rechts in die Armausschnitte stecken und annähen, hierbei treffen jeweils die Schultermarkierungen und Schulternähte von Oberteil und Ärmeln aufeinander. Ärmel- und Seitennaht jeweils in einem Arbeitsgang rechts auf rechts schließen und an allen Nähten die Nahtzugaben jeweils zusammen versäubern.

4 Bündchen nähen: Die Bündchen aus Strick-Jacquard nähen, wie

4b

beim Blusenshirt Hamburg auf Seite 70 unter Punkt 4 beschrieben. Wie Du die Cuff-Me Bündchen verarbeitest, siehst Du beim Oversizepulli Kopenhagen unter Punkt 7 auf Seite 30 **4a**. Wenn die Bündchen angenäht sind, sieht das Kleid so aus **4b**.

5 Kapuze nähen: Übertrage die Markierungen für die vordere Mitte und den Schulterpunkt vom Papierschnitt auf die Kapuzenteile. Hierfür kannst Du entweder einen kleinen Knips (max. 3 mm tief) am Stoffrand

5a

5b

5c

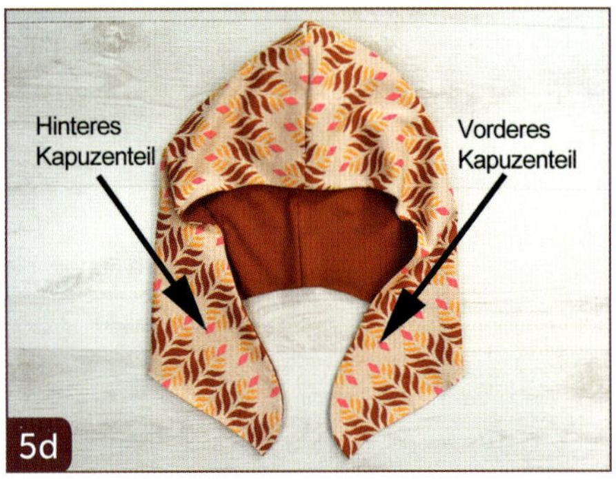

5d

anbringen oder Stecknadeln zur Markierung stecken. Die Kapuzenmittelnaht von Oberstoff und Futter jeweils rechts auf rechts schließen **5a**. Dann die Oberstoff- und Futterkapuze an der

5e

5f

5g

5h

Gesichtsöffnung rechts auf rechts zusammennähen **5b**. Die Nahtzugaben etwas zurückschneiden **5c**, die Kapuze auf rechts wenden und die Kante bügeln. Auf dem nächsten Steppfoto

5i

siehst Du, welche Seite der Kapuze später vorne bzw. hinten liegen soll **5d**. Schneide anschließend zwei Quadrate à 25 x 25 mm aus Leder oder SnapPap zu. Nutze diese zuerst als Schablone, um die genaue Lage der Quadrate zu markieren. Miss für das Quadrat am hinteren Kapuzenteil mit dem Maßband 28 cm vom unteren Kapuzenrand entlang der Gesichtsöffnung und platziere dort ein Quadrat, ca. 5 mm vom Rand entfernt **5e**. Zeichne das Quadrat mit Schneiderkreide oder einem Trickmarker nach oder stecke einfach Stecknadeln, um die Position zu markieren **5f**. Das Quadrat am vorderen Kapuzenteil liegt 16 cm von der vorderen Kapuzenkante entfernt, wieder entlang der Gesichtsöffnung gemessen **5g**. Falte Oberstoff- und Futterkapuze wieder auseinander und lege die Außenseite der Kapuze zum Nähen offen unter die Nähmaschine, denn das Quadrat wird nur auf der Oberstoffkapuze festgenäht **5h**. Platziere das Quadrat nun genau auf der Markierung und nähe es erst rundherum fest und ergänze dann noch ein Nahtkreuz bis zu den Ecken **5i**. Die Löcher für die Ösen mittig in die Quadrate stanzen und die Ösen dort anbringen **5j**. Bitte hierbei auch die Angaben des Ösen-Herstellers beachten. Steppe nun die Kapuzenkante an der Gesichtsöffnung 3 cm breit ab **5k**.

5j

5k

5l

Tipp: Zeichne Dir die genaue Nahtlinie entlang der Kante mit Schneiderkreide oder einem Trickmarker an. Verwende zum Steppen der Naht ein Reißverschlussfüßchen, damit Du gut an den Ösenquadraten vorbeinähen kannst.

Oberstoff- und Futterkapuze anschließend am unteren, noch offenen Rand aufeinanderstecken, hierbei liegen die vorderen Mitten und die Schulterpunkte jeweils genau übereinander **5l**. Am Halsausschnitt die vordere und hintere Mitte und an der Kapuze zusätzlich noch die hintere Mitte markieren. Die Kapuze mithilfe der Knipse/Markierungen rechts auf rechts an den Halsausschnitt stecken und mit einem elastischen Stich annähen. Zuletzt noch die Kordel mithilfe einer kleinen Sicherheitsnadel durch die Ösen einziehen.

Sabine Glaser

Handmade by Checkerbunny

Ich liebe Farben und mag es gern bunt. Kaufkleidung ist mir oft zu eintönig. Mit unserem Nesthäkchen kam die Lust, individuelle Maßkleidung für meine Familie und mich zu nahen. Das mache ich nun seit fast 7 Jahren, am liebsten täglich!

www.facebook.com/HandmadeByCheckerbunny

s?
CHÖNT
z3w
en?

Kopenhagen

Oversizepulli

Größe: 34–44 • **Schwierigkeitsgrad:** ✂ • **Schnittteile:** 5a bis 5e auf Bogen D

Der Oversizepulli Kopenhagen in zwei unterschiedlichen Varianten ist der Allrounder schlechthin, mit ihm kreierst Du einen richtig coolen Look! Er passt genauso gut zum Rock wie zur Hose und auch beim Material hast Du die große Auswahl: gemütlicher Kuschel-Strick, dicker Rippen-Strick oder doch lieber den etwas feineren Jersey-Jacquard? Alles ist möglich. Und Du hast die Wahl!

Material

- 150 cm Lieblingsstoff, mindestens 140 breit
  Stoffvorschläge: Jersey-Jacquard oder Strick-Jacquard, jede Art von Grob- und Feinstrick
- 5 cm aufbügelbare Einlage, 90 cm breit, z. B. Vlieseline H 200
- **Variante 2:** 130 cm Cuff-Me-Bündchen

Tipp zum Modell: In der Variante 1 (ohne Cuff-Me-Bündchen) ist der Pulli hinten länger geschnitten und hat somit die perfekte Form, um vorne lässig eingesteckt zu werden und mit dem längeren Rückenteil prima zu kaschieren. Die Schultern sind modisch überschnitten und die Ärmel extra lang. Variante 2, mit geradem Saum und angenähten Bündchen, ist ebenfalls im Schnitt mit eingezeichnet. Bei beiden Varianten kannst Du zwischen Rollkragen und einfachem Halsbündchen wählen.

Zuschneiden

Nahtzugaben: Variante 1: 3 cm breite Saumzugaben sind bereits im Schnitt enthalten. An allen anderen Kanten 1 cm Nahtzugabe hinzufügen.

Variante 2: An allen Kanten 1 cm Nahtzugabe hinzufügen.

Aus dem Lieblingsstoff

- 1-mal Vorderteil 5a im Stoffbruch
- 1-mal Rückenteil 5b im Stoffbruch
- 2-mal Ärmel 5c
- 1-mal Kragen 5d im Stoffbruch **oder** 1-mal Halsbündchen 5e im Stoffbruch

Cuff-Me-Bündchen

- für Variante 2 nach Maß zuschneiden, siehe Anleitung.

Einlage

- 2 Streifen à 35 x 1 cm

Zuschneideplan

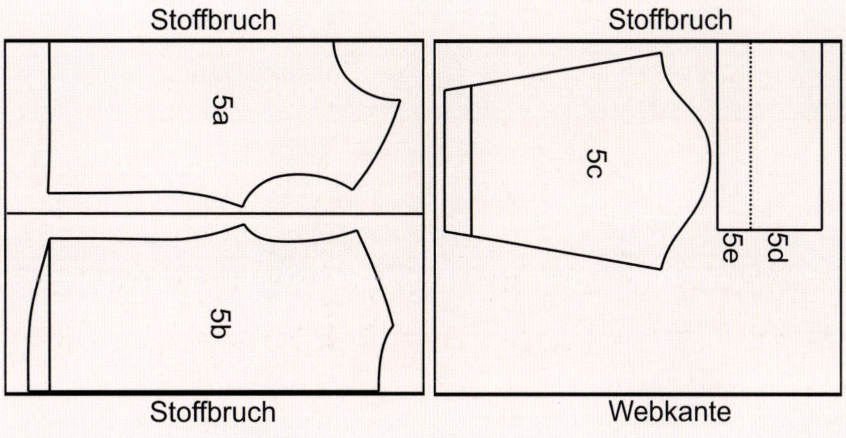

So wird's gemacht

Für diesen Schnitt **nur** elastische Stoffe verwenden. Alle Nähte sollten ebenfalls elastisch sein, verwende zum Nähen eine Jerseynadel, siehe auch »Was Du wissen solltest«, Seite 9 f.

2a

2b

1 Alle Teile laut Zuschneideplan zuschneiden.

2 **Nähte:** Zur Verstärkung der Schulternähte die Einlagestreifen 5 mm von der Kante entfernt auf die Schulterkanten des Vorderteils (linke Seite) aufbügeln **2a**. Schulternähte rechts auf rechts schließen und die Nahtzugaben jeweils zusammen versäubern **2b**.

3 **Ärmel nähen:** Die Ärmelsaumkanten versäubern und die Ärmelsäume jeweils 3 cm breit nach links umbügeln **3a**. Die Ärmel rechts auf rechts in die Armausschnitte stecken, annähen und die Nahtzugaben zusammen versäubern **3b**. Anschließend die Ärmelsäume noch einmal aufklappen, Ärmel- und Seitennähte jeweils rechts auf rechts in einem Arbeitsgang schließen und die Nahtzugaben zusammen versäubern **3c**. Den Ärmelsaum wieder nach links umlegen und entlang der

3a

3b

3c

3d

4a

4b

5a

5b

5c

oberen Kante von links knappkantig feststeppen **3d**. Für die typische Doppelnaht den Saum noch ein zweites Mal parallel zur vorher genähten Naht in gewünschter Breite von rechts absteppen. Damit die Saumnaht dehnbarer wird, kann man hier zum Absteppen auch einen flach eingestellten Zickzackstich oder eine Zwillingsnadel verwenden.

4 **Saum nähen (Variante 1):** Die Saumkante versäubern, den Saum 3 cm breit nach links umlegen, rundum feststecken und die Kante bügeln **4a**. Anschließend den Saum absteppen wie beim Ärmelsaum beschrieben **4b**.

5 **Rollkragen nähen:** Die hintere Naht (= kurze Kante) des Rollkragens rechts auf rechts schließen **5a**. Den Kragen links auf links doppelt legen, sodass die Längskanten genau aufeinanderliegen, und die Kanten zusammenstecken. Um den Kragen leichter an den Halsausschnitt stecken zu können, markierst Du am Oberteil mit Stecknadeln die vordere und hintere Mitte des Ausschnitts. Lege dann die Markierungen übereinander, hierdurch ergibt sich auch seitlich jeweils eine Halbierung. Stecke hier ebenfalls Markierungsnadeln. Nun ist der Ausschnitt in 4 gleich große Abschnitte aufgeteilt **5b**. Die Unterkante des Kragens teilst Du ebenfalls durch Stecknadelmarkierungen in 4 gleich große Abschnitte **5c**, eine Markierung sitzt dabei genau auf der Naht. Die hintere Naht des Kragens soll später auf der hinteren Mitte des Oberteils liegen. Stecke deshalb den Kragen so in den Halsausschnitt, dass

5d

5e

6a

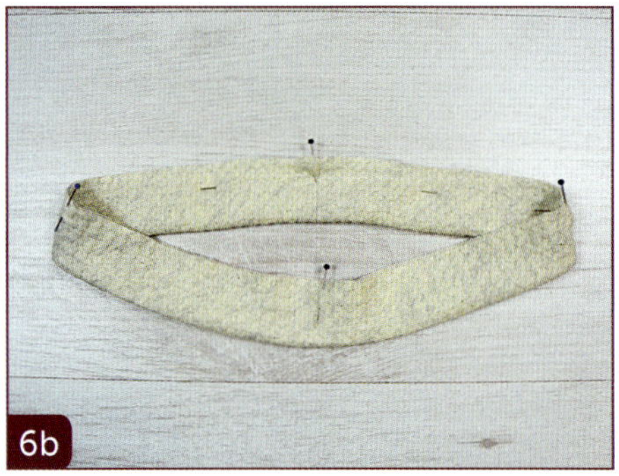

6b

die Markierungsnadel an der hinteren Mitte des Ausschnitts und die Nahtmarkierung am Kragen sowie jeweils die anderen Markierungsnadeln exakt aufeinandertreffen **5d**. Den Kragen annähen und die Nahtzugaben zusammen versäubern. Dann die Nahtzugaben zum Oberteil legen und die Kragenansatznaht rundherum füßchenbreit absteppen **5e**.

6 Ausschnitt mit Halsbündchen: Die Schmalseiten des Halsbündchen rechts auf rechts zusammennähen, sodass ein Ring entsteht **6a**. Das Bündchen links auf links zur Hälfte falten, sodass die Längsseiten aufeinanderliegen und es die fertige Breite erhält. Die Markierungen zum Feststecken des Bündchens wie beim Rollkragen beschrieben an Oberteil und Halsbündchen vornehmen **6b**. Dann die Markierungen des Bündchens passgenau an die des Oberteils stecken. Das Bündchen zwischen den Nadeln leicht gedehnt mit weiteren Nadeln fixieren und anschließend annähen. Die Nahtzugaben zusammen versäubern, zum Oberteil legen und die Ansatznaht rundherum füßchenbreit absteppen **6c**.

7 Cuff-Me-Bündchen nähen (Variante 2): Das Bündchen nach Maß zuschneiden. Überprüfe die Weite vor dem Zuschnitt, damit das Bündchen für Dich genau passend sitzt. Die Länge des Saumbündchens beträgt in den Größen 34–44: 70/74/78/82/86/90 cm plus Nahtzugaben an den Seitenkanten, und für das Ärmelbündchen: 18–20 cm plus Nahtzugaben an den Seitenkanten.

Die Schmalseiten von Saum- und Ärmelbündchen jeweils rechts auf

6c

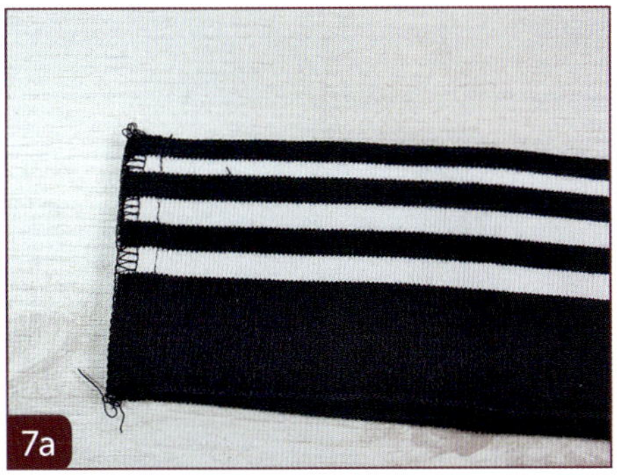

7a

7b

rechts zusammennähen, sodass ein Ring entsteht. Dann die Nahtzugaben zusammen versäubern **7a** und zu einer Seite bügeln. Um die Bündchen gleichmäßig gedehnt annähen zu können, unterteilst Du die Gesamtweite des Saumbündchens mit Stecknadelmarkierungen in vier Abschnitte **7b**, die des Ärmelbündchens in zwei. Die Saumkante des Oberteils entsprechend an vorderer, hinterer Mitte und den Seitennähten mit Stecknadeln markieren. Die Ärmelkanten legst Du flach hin, sodass die Naht an einer Seite liegt und steckst an beiden Seiten Markierungsnadeln. Anschließend die Markierungsnadeln von Bündchen und Saumkanten passgenau aufeinanderstecken, die Bündchen zwischen den Nadeln dehnen und mit weiteren Nadeln fixieren. Dann die Bündchen leicht gedehnt annähen und anschließend die Nahtzugaben jeweils zusammen versäubern.

LIEBLINGS

Judith Schütze

- Lieblings -

Als meine Tochter ca. 2 Jahre alt war und ich eine alte Nähmaschine geschenkt bekam, fing alles an. Ein paar YouTube-Videos später nähte ich meine erste einfache Pumphose und es folgten unzählige Pullover, Mützen und Loops für die Kids. Die Ansprüche stiegen, die Maschinen wurden getauscht und ich fing an, auch für mich zu nahen. Mittlerweile mein allerliebstes Hobby mit dem ich sehr, sehr viel Zeit verbringe.

www.instagram.com/lieblings.handmade

Dublin

Fake-Wickelrock

Größe: 34–44 • **Schwierigkeitsgrad:** ✂ • **Schnittteile:** 6a bis 6d auf Bogen A

Rock Dublin in leichter A-Linie wird Dich begeistern, da er nicht nur super bequem ist, sondern auch wunderbar die Hüftpartie überspielt. Dank der ausgefallenen Schnittführung wird er zu einem echten Hingucker! Der Wickeleffekt ist ein cooler Fake, denn der Rock bekommt kein Bindeband, sondern ein bequemes Bündchen mit Gummizug zum Reinschlüpfen. Die besten Argumente für ein neues Lieblingsteil, oder?! Was Du toll dazu kombinieren kannst, ist das Blusenshirt Hamburg und der coole Oversizepulli Kopenhagen.

Material

Variante 1 (Vorderrock 6a im schrägen Fadenlauf):

- 135 cm Strick-Jacquard, 140 breit

Variante 2:

- 125 cm Strick-Jacquard, 140 breit

Für beide Varianten: 3–3,5 cm breites Gummiband in Taillenweite plus 10 cm für Bequemlichkeitsweite und Nahtzugabe

Tipp zum Modell: Rock Dublin sieht sicher mit vielen Stoffen toll aus, aber mein Favorit ist ganz klar ein Karostoff aus dehnbarem Jacquard! Das passt zur kühlen Jahreszeit und kann perfekt mit Stiefeln oder Boots und passenden Strickteilen in Szene gesetzt werden. Für einen besonderen Effekt kannst Du das linke Rockteil im schrägen Fadenlauf zuschneiden (Variante 1). Wenn nicht ganz so viel Material zur Verfügung steht, schneide die Vorderröcke in der Musterung einfach ein wenig versetzt zu (Variante 2) und schon hast Du einen ähnlichen Effekt wie beim schrägen Zuschnitt!

Zuschneideplan

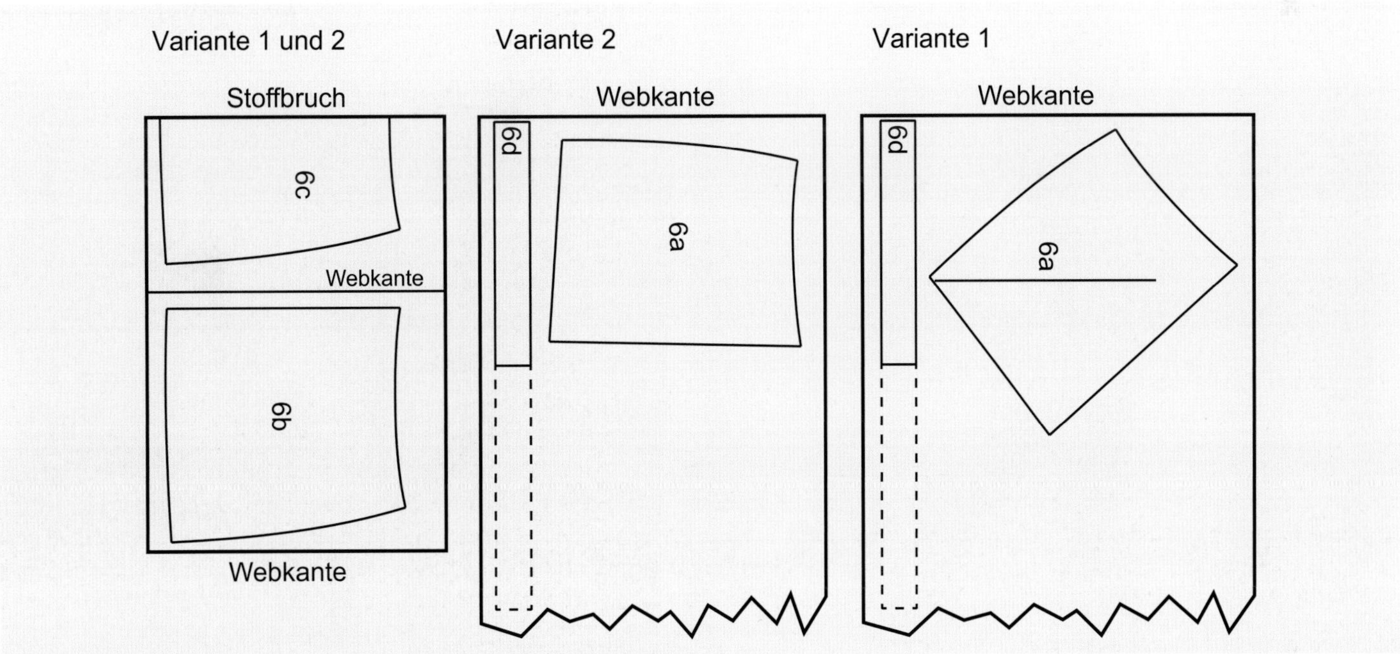

Zuschneiden

Nahtzugaben: 3 cm breite Saumzugaben sind beim rechten Vorderrock (6b) und Hinterrock (6c) im Schnitt bereits enthalten. Füge noch 2 cm Nahtzugabe an der vorderen Kante und der unteren Saumkante vom linken Vorderrock (6a) hinzu und 2 cm an der vorderen Kante beim rechten Vorderrock (6b). An den anderen Kanten 1 cm Nahtzugabe hinzufügen. Damit Du trotz der vielen unterschiedlichen Zugaben ganz leicht zuschneiden kannst, habe ich bei diesem Schnitt an die jeweiligen Kanten drangeschrieben, wie viel Zugabe nötig ist!

- 1-mal linker Vorderrock 6a
- 1-mal rechter Vorderrock 6b
- 1-mal Hinterrock 6c im Stoffbruch
- 1-mal Taillenbund 6d im Stoffbruch bzw. in gesamter Länge bei offener Schnittlage

Tipp: Beim ersten Rock 1,5–2 cm Nahtzugabe an den Seitennähten dazugeben, um eventuell die Hüft- bzw. Taillenweite noch anpassen zu können. Falls Du Anpassungen vorgenommen hast, übertrage diese anschließend auf die abgepausten Schnittteile. Nun kannst Du mit 1 cm breiter Nahtzugabe an den Seitennähten weitere Lieblingsstücke nähen!

So wird's gemacht

Für diesen Schnitt **nur** elastische Stoffe verwenden. Alle Nähte sollten ebenfalls elastisch sein, verwende zum Nähen eine Jerseynadel, siehe auch »Was Du wissen solltest«, Seite 9 f.

2a

2d

4a

2b

3a

4b

2c

3b

4c

1 Alle Teile laut Zuschneideplan zuschneiden und jeweils an allen Rockteilen die vordere bzw. hintere Mitte mit einer Stecknadel oder einem kleinen Knips (max. 3 mm) markieren. Hinweis zum Karozuschnitt: An der Seitennaht sollten der rechte Vorderrock 6b und der Hinterrock 6c in der Karomusterung genau zusammenpassen. Der linke Vorderrock kann entweder im geraden Fadenlauf oder für einen optischen Effekt im schrägen Fadenlauf, d. h. im 45-Grad-Winkel zur Webkante, zugeschnitten werden.

2 **Vorderteil:** Am linken Vorderrock 6a die Nahtzugabe der vorderen Kante 2-mal 1 cm breit nach links umbügeln **2a**. Die Kante knappkantig von links feststeppen **2b**. Die Nahtzugabe des Saums genauso umbügeln und feststecken **2c**, sodass der Saum nun das untere Ende der vorderen Kante überdeckt **2d**. Den Saum ebenfalls knappkantig von links feststeppen.

3 Die Seitenkanten vom rechten Vorderrock 6b und dem Hinterrock rechts auf rechts zusammenstecken **3a**, hierbei auf das Karomuster achten. Die Naht schließen und die Nahtzugaben zusammen versäubern. Von rechts sieht die exakt genähte Naht im Karomuster dann so aus **3b**.

4 **Saum:** Die Saumkante versäubern, den Saum 3 cm breit umlegen und feststecken. Die vordere Kante vom rechten Vorderrock 6b 2-mal 1 cm breit nach links umbügeln **4a**, sodass hier die vordere Kante die Saumkante überdeckt **4b**. Den Saum anschließend entlang der oberen Kante von links feststeppen **4c**. Damit die typische Doppelnaht entsteht, wird noch ein zweites Mal parallel zur

4d

4f

5b

4e

5a

vorher genähten Naht in gewünschter Breite von rechts abgesteppt **4d**. Damit die Saumnaht dehnbarer wird, kann man hier zum Absteppen auch einen flach eingestellten Zickzackstich oder eine Zwillingsnadel verwenden. Nun auch die zweite Seitennaht rechts auf rechts schließen und die Nahtzugaben zusammen versäubern **4e**. Den Rock auf rechts wenden und nun die Vorderröcke an den Markierungen »Vordere Mitte« an der Taillenkante passend aufeinanderstecken **4f** und knappkantig festheften.

5 **Taillenbund aus Oberstoff:** Das Bündchen zum Ring schließen. Dafür die kurzen Seiten rechts auf rechts zusammennähen, hier aber auf der Bundinnenseite zum Einziehen des Gummis 2 cm nach dem Nahtanfang bis kurz vor der Nahtmitte ein Stück offen lassen. Anschließend das Bündchen links auf links doppelt legen, sodass die Längskanten aufeinanderliegen und es die fertige Breite erhält. Um das Bündchen leichter annähen zu können, Bündchen und Taillenkante jeweils in vier gleichgroße Abschnitte einteilen. Dafür an der Taillenkante jeweils eine Nadel genau auf die Seitennähte stecken, dann die Seitennähte aufeinanderlegen und an den Faltenbrüchen, die dadurch in der vorderen und hinteren Mitte entstehen, ebenfalls Markierungsnadeln setzen. Den Bund flach hinle-

5c

5d

5e

gen, sodass die Naht an einer Seite liegt. An der Naht und genau an der gegenüberliegenden Seite Markierungsnadeln stecken. Dann wie an der Taillenkante die Markierungsnadeln an der vorderen und hinteren Mitte feststecken **5a**. Anschließend die Markierungsnadeln des Bündchens passgenau an die der Taillenkante stecken, hierbei trifft die Bundnaht auf eine Seitennaht des Rocks. Das Bündchen mit weiteren Nadeln fixieren **5b** und mit einem elastischen Stich annähen. Die Nahtzugaben zusammen versäubern. Das Gummiband mithilfe einer Sicherheitsnadel einziehen **5c** und die benötigte Weite durch eine Anprobe genau ermitteln. Anschließend die Gummibandenden übereinanderlegen und mit der Maschine aufeinandersteppen **5d**. Die Öffnung mit ein paar Handstichen schließen. Fertig genäht sieht der Rock mit Bund jetzt so aus **5e**.

Schäf näht

Daniela Schäfer

Schäf näht

Schon als Kind durfte ich für meine Oma Schnittmuster rädeln und Garn spulen. Als Erwachsene hat mich dann die Nähleidenschaft endgültig gepackt. Am allerliebsten benähe ich mich selbst, denn in meinen selbst gemachten Sachen gehe ich einfach fröhlich und gut gelaunt durch den Tag.
Das Bloggen liebe ich inzwischen genauso sehr wie das Nähen. Es macht großen Spaß zu fotografieren, zu texten und sich mit anderen über unser schönes Hobby auszutauschen.

www.facebook.com/schaefnaeht

Berlin

Asymmetrischer, enger Rock

Größe: 34–44 • **Schwierigkeitsgrad:** ✂ • **Schnittteile:** 8a bis 8e auf Bogen C

Rock Berlin ist gerade geschnitten und erhält durch die asymmetrische Schnittführung das gewisse Etwas! Mit diesem Detail kannst Du viele zauberhafte Schmuckelemente für Deinen Lieblingsrock kreieren: Ob chic elegant und mit hübschen Knöpfen auf der Teilungsnaht (Variante 2) oder sportlich jung mit Streifenband aufgepeppt (Variante 1) ..., hier kannst Du Dich austoben und für jede Gelegenheit Deinen neuen Lieblingsrock erfinden. Tolle Kombipartner sind das Blusenshirt Hamburg und der coole Oversizepulli Kopenhagen!

Material

Variante 1 (mit Strickbündchen):

- 60 cm Jersey-Jacquard in Pink, 140 cm breit (Stoff A)
- 60 cm elastisches Streifenband, 3 cm breit
- 15 cm Strickbündchen, mindestens 80 cm breit (Stoff B, bei Schlauchware 80 cm Umfang)

Variante 2 (Taillenbund aus Oberstoff):

- 2-mal je 70 cm Jersey-Jacquard in unterschiedlicher schwarz-weißer Musterung, 140 cm breit (Stoff C und D)
- 3–3,5 cm breites Gummiband in Taillenweite plus 10 cm für Bequemlichkeitsweite und Nahtzugabe
- 3 Knöpfe, Ø 2,5 cm

Zuschneideplan

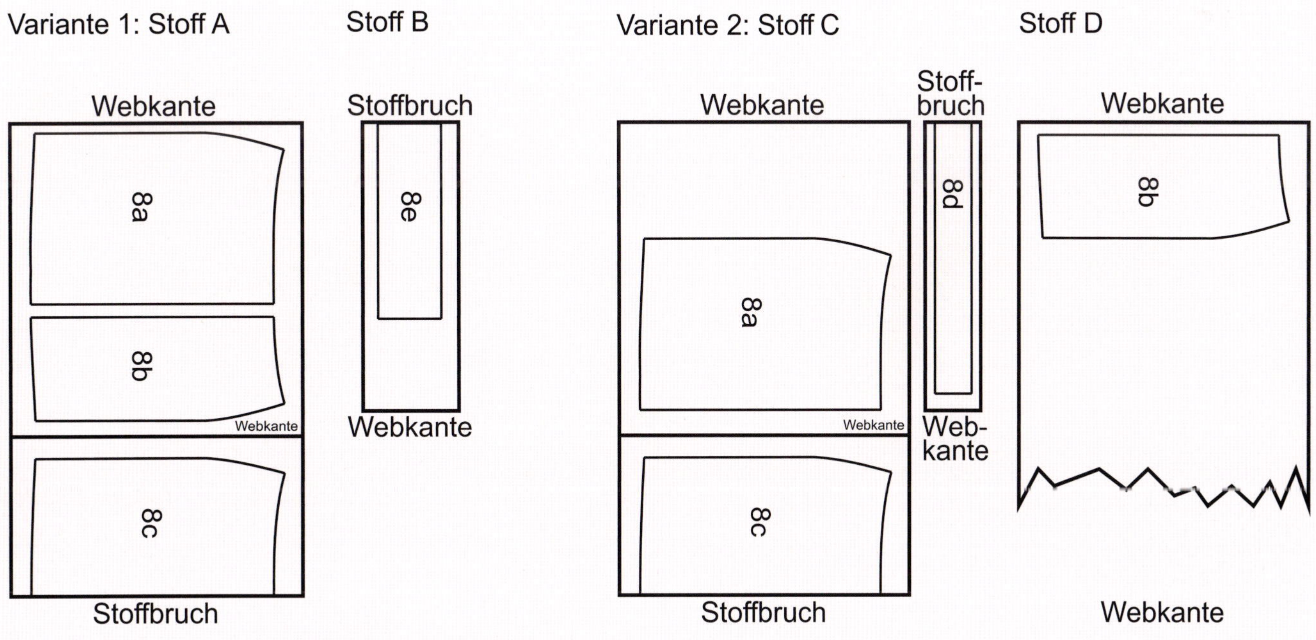

Tipp zum Modell: Rock Berlin ist rasant schnell genäht, weil er ohne Reißverschluss auskommt und Du einfach und bequem hineinschlüpfen kannst! Der Taillenbund wird wahlweise aus dem jeweiligen Oberstoff oder ruckzuck aus einem fertigen Strickbündchen zugeschnitten. Die Rocklänge kannst Du gegebenenfalls ganz leicht für Dich abändern und je nach Wunsch den Saum verlängern oder kürzen. Den Stoffverbrauch dann bitte entsprechend anpassen.
Und bei Variante 2 reicht der Stoff aus, um gleich zwei Röcke mit jeweils umgekehrter Musterung zu nähen!

2a

2b

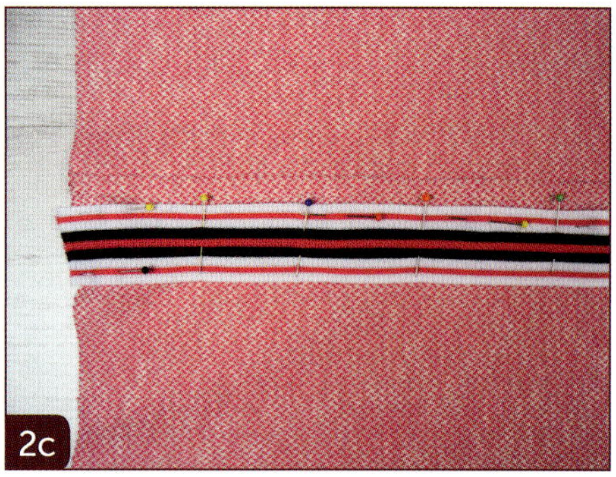

2c

3a

3b

3c

Zuschneiden

Nahtzugaben: 3 cm Saumzugaben sind im Schnitt bereits enthalten, an allen anderen Kanten 1 cm Nahtzugabe hinzufügen.

Tipp: Beim ersten Rock 2–2,5 cm Nahtzugabe an den Seitennähten dazugeben, um eventuell die Hüft- bzw. Taillenweite noch anpassen zu können.

- 1-mal Vorderrock 8a links
- 1-mal Vorderrock 8b rechts
- 1-mal Hinterrock 8c im Stoffbruch
- 1-mal Taillenbund 8d (aus Oberstoff, Variante 2) im Stoffbruch **oder**
- 1-mal Strickbündchen 8e (z. B. aus Schlauchware, Variante 1) im Stoffbruch

So wird's gemacht

Für diesen Schnitt **nur** elastische Stoffe verwenden. Alle Nähte sollten daher auch elastisch sein, verwende zum Nähen eine Jerseynadel, siehe auch »Was Du wissen solltest«, Seite 9 f.

1 Alle Teile laut Zuschneideplan zuschneiden.

2 **Teilungsnähte:** Die Vorderrockteile 8a und 8b an der Teilungsnaht rechts auf rechts zusammenstecken **2a** und die Naht schließen. Die Nahtzugaben zusammen versäubern, zum größeren Rockteil bügeln und knappkantig absteppen **2b**. Für die Rockvariante 1 das Streifenband 1 cm von der Teilungsnaht entfernt auf das größere Rockteil 8a stecken **2c** und beide Seiten des Bands knappkantig auf dem Vorderrock feststeppen. Für Variante 2 entfällt dieser Schritt. Die Seitennähte des Rocks rechts auf rechts schließen und die Nahtzugaben jeweils zusammen versäubern.

3 Anschließend die Saumkante ebenfalls versäubern. Jetzt sieht der Rock so aus **3a**. Den Saum 3 cm breit nach links umlegen und feststecken **3b**. Anschließend den Saum entlang der oberen Kante knappkantig von links feststeppen **3c**. Damit die typische Doppelnaht entsteht, wird noch ein zweites Mal parallel zur vorher genähten Naht in gewünschter Breite abgesteppt, diesmal aber von rechts. Falls die Saumnaht dehnbarer sein soll, kann man hier zum Absteppen auch einen flach eingestellten Zickzackstich oder eine Zwillingsnadel verwenden.

4a

4 **Taillenbund aus Strick:** Das Bündchen zum Ring schließen, dafür die kurzen Seiten rechts auf rechts zusammennähen. Anschließend das Bündchen links auf links doppelt legen, sodass die Längskanten aufeinanderliegen und es die fertige Breite erhält. Um das Bündchen gleichmäßig gedehnt annähen zu können, die Taillenkante in vier gleichgroße Abschnitte einteilen. Dafür jeweils eine Nadel genau auf die Seitennähte stecken, dann die Seitennähte aufeinanderlegen und an den Faltenbrüchen, die dadurch in der vorderen und hinteren Mitte entstehen, ebenfalls Markierungsnadeln setzen **4a**. Das Bündchen flach hinlegen, sodass die Naht an einer Seite liegt. An der Naht und genau an der gegenüberliegenden Seite Markierungsnadeln stecken. Dann wie an der Taillenkante die Markierungsnadeln an der vorderen und hinteren Mitte feststecken **4b**. Anschließend die Markierungsnadeln des Bündchens passgenau an die der Taillenkante stecken, dabei trifft die Bündchennaht auf eine Seitennaht des Rocks. Das Bündchen zwischen den bereits gesteckten Nadeln leicht dehnen und hier ebenfalls feststecken **4c**. Dann das Bündchen mit einem dehnbaren Stich festnähen **4d**.

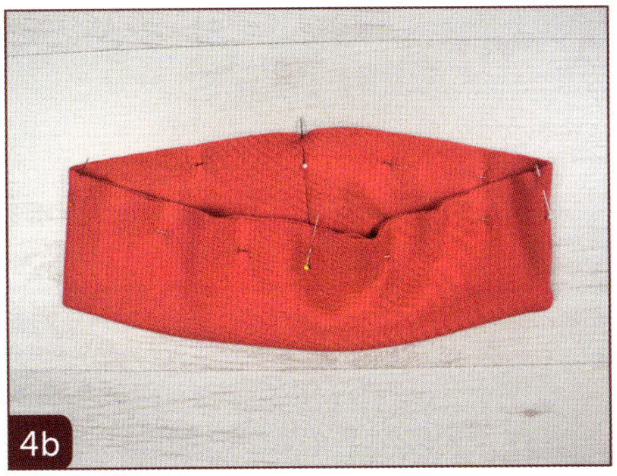

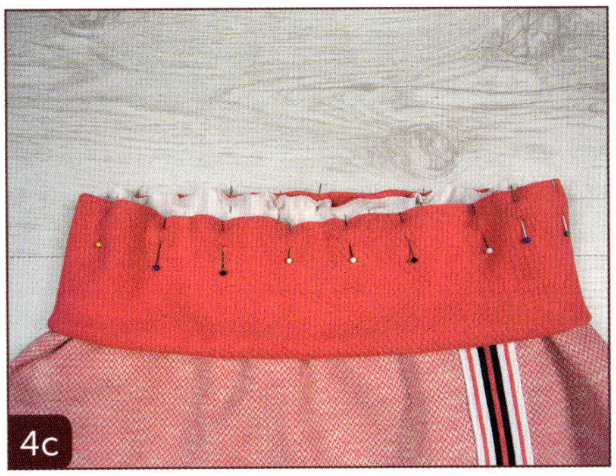

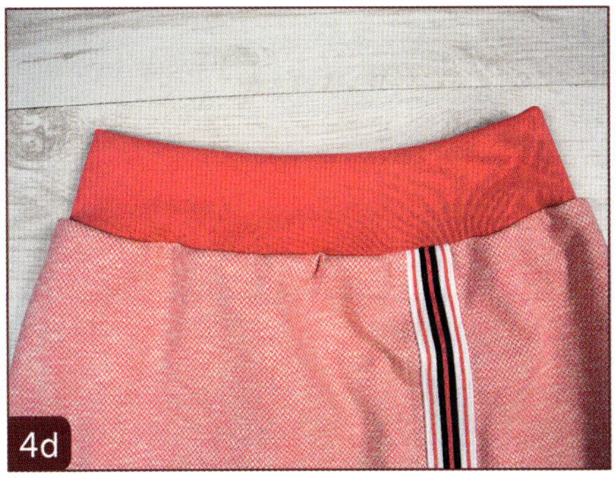

5 **Taillenbund aus Oberstoff:** Das Bündchen nähen, wie auf Seite 36 für den Fake-Wickelrock **Dublin** unter Punkt 5 beschrieben.

6 Für die Verzierung von Variante 2 die 3 Knöpfe dekorativ auf der größeren Vorderrockseite 8a festnähen. Es empfiehlt sich, gleichzeitig von hinten ein kleines Stück Stoff oder Vlies (1,5 x 1,5 cm) beim Annähen der Knöpfe mit festzunähen, damit diese mehr Halt bekommen. Der Knopfabstand ab der Bundansatznaht beträgt 6 cm, die beiden anderen Knöpfe folgen in gleichmäßigem Abstand oder so, wie es Dir am besten gefällt.

3MaLo

Martina Janke

TriMaLo

Meine Nähkarriere begann mit einem traurigen Anlass: dem viel zu frühen Tod meiner Mutter im Jahr 2012. Zur Trauerbewältigung holte ich ihre alte Singer aus dem Keller, besuchte einen Nähkurs und begann, Kleidung und Accessoires für meine Kinder und mich zu nähen. Aus dem Hobby wurde 2015 ein Beruf und heute nähe ich mit großer Begeisterung Unikate für meine Kunden; oder in meiner freien Zeit für mich selbst Bürokleidung, am liebsten nach Schnittmustern von Miou Miou. Ich bin sicher: Meine Mutter wäre stolz auf mich ...

www.facebook.com/trimalo

www.instagram.com/tri_ma_lo

Florenz

Rock mit Passe in A-Linie

Größe: 34–44 • **Schwierigkeitsgrad:** ✂ • **Schnittteile:** 7a und 7b auf Bogen B

Rock Florenz in leichter A-Linie schmeichelt einfach jedem Figurtyp, er umspielt leicht die Hüfte und darf ruhig auch etwas kürzer getragen werden. Du kannst ihn als Einzelstück mit ausgefallener Musterung (Variante 2) genauso souverän einsetzen wie als Kombiteil, das mit zurückhaltender Farbe garantiert zu vielen Oberteilen in Deinem Kleiderschrank passt (Variante 1). Der Rock ist also absolut universell einsetzbar! In leichteren Qualitäten, zum Beispiel mit floralem Muster, macht dieses Röckchen selbstverständlich auch im Sommer ordentlich was her!

Material

Variante 1:

- 105 cm gemusterter Jersey-Jacquard in Petrol, 140 cm breit

Variante 2:

- 105 cm gemusterter Strick-Jacquard in Ocker-Grau, 140 cm breit
- 4 Knöpfe, Ø ca. 2 cm

Für beide Varianten:

- 1 cm breites Gummiband in Taillenweite plus 5 cm für Bequemlichkeitsweite und Nahtzugabe
- Optional: 120 cm Zierband zum Aufnähen, z.B. ein Mini-Bommelband oder ein Paspelstreifen zum Zwischenfassen

Tipp: Wer größer als 1,68 m ist, sollte etwas mehr Stoff einplanen (ca. 5–10 cm), um den Rock evtl. zu verlängern.

Tipp zum Modell: Rock Florenz kannst Du immer wieder anders in Szene setzen. Im Winter mit Stiefeln und blickdichter Strumpfhose, im Sommer mit Flip-Flops und Top. Passe das dehnbare Material einfach der Jahreszeit an. Mein persönlicher Hinweis: Scheue Dich nicht, auch mal einen Futterstoff (nur aus Vorder- und Hinterrock 7a zugeschnitten) mit an die Futterpasse zu nähen. So kannst Du verhindern, dass Dein Rock nach oben »krabbelt«. Ein fertig gekaufter Futterrock erfüllt übrigens den gleichen Zweck und kann auch für andere Röcke genutzt werden!

Zuschneiden

Nahtzugaben: 3 cm breite Saumzugaben sind bereits im Schnitt enthalten, an allen anderen Kanten 1 cm Nahtzugabe hinzufügen.

- 2-mal Vorder-/Hinterrock 7a im Stoffbruch
- 4-mal Passe 7b im Stoffbruch

Zuschneideplan

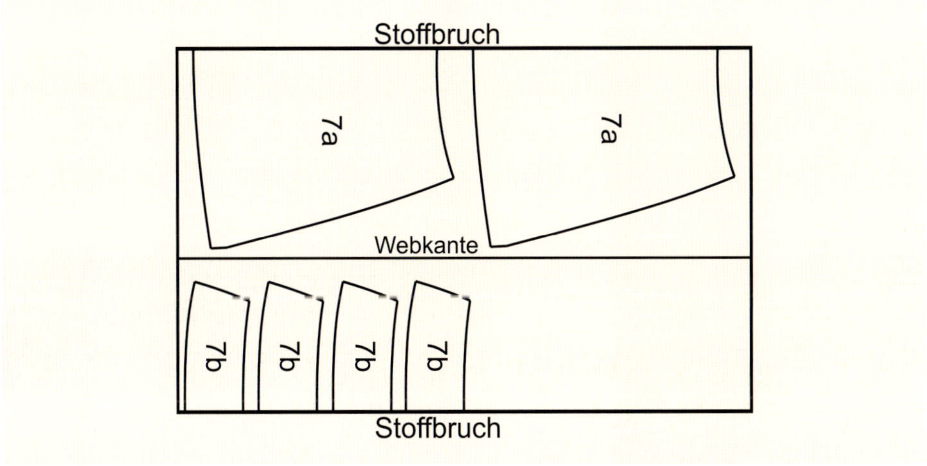

2a

2b

2c

So wird's gemacht

Für diesen Schnitt **nur** elastische Stoffe verwenden. Alle Nähte sollten ebenfalls elastisch sein, verwende zum Nähen eine Jerseynadel, siehe auch »Was Du wissen solltest«, Seite 9 f.

1 Alle Teile laut Zuschneideplan zuschneiden.

2 Je eine Passe rechts auf rechts an den Vorder- und Hinterrock stecken **2a** und annähen. Die Nahtzugaben zusammen versäubern und die Naht in die Passe bügeln **2b**. Vorder- und Hinterrock an einer Seite rechts auf rechts zusammenstecken und die Seitennaht schießen **2c**. Falls Du kein Band aufnähen möchtest, schließt Du auch die zweite Seitennaht. Die Nahtzugaben jeweils zusammen versäubern und zu einer Seite bügeln.

3a

3b

3 Um das Band aufzunähen, den Rock offen hinlegen und das Band auf der Passenansatznaht von der offenen Kante über die bereits geschlossene Seitennaht hinweg bis zur anderen Seite feststecken **3a**. Das Band festnähen **3b**.

3c

4b

5b

4a

5a

5c

5d

5e

Anschließend auch die zweite Seitennaht von Vorder- und Hinterrock rechts auf rechts schließen. Die Nahtzugaben zusammen versäubern, den Rock auf rechts wenden und die Seitennaht zur gleichen Seite bügeln wie die erste und die Saumkante versäubern. Von rechts sieht der Rock nun so aus **3c**.

4 Den Saum 3 cm breit nach links umlegen und feststecken **4a**. Anschließend den Saum mit der typischen Doppelnaht festnähen, wie auf Seite 35 für den Rock Dublin unter Punkt 4 beschrieben **4b**.

5 **Passe:** Für die Futterpasse die Seitennähte der beiden übrigen Passenteile rechts auf rechts schließen **5a**. Anschließend die fertige Futterpasse rechts auf rechts an die Taillenkante stecken und nähen, sodass die Seitennähte jeweils genau aufeinanderliegen **5b**. Die Futterpasse nach innen klappen und die Kante bügeln. Die obere Taillenkante für das Gummiband ca. 1,3 cm breit absteppen **5c**, dabei zum Einziehen des Gummibands an beiden Seitennähten jeweils eine ca. 5 cm große Öffnung lassen **5d**. Das Gummi mit einer Sicherheitsnadel einziehen **5e**

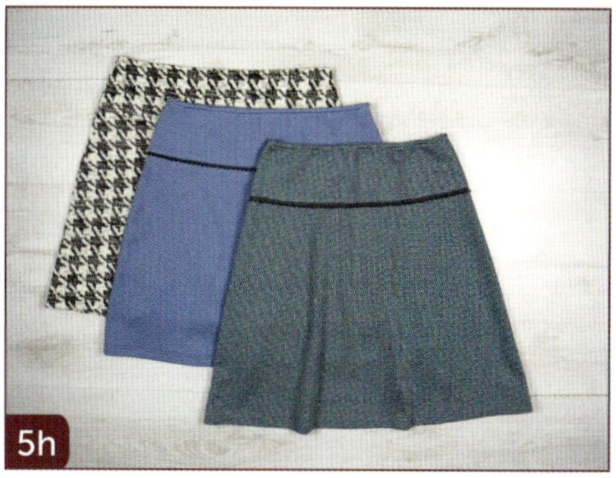

und den Rock zum Überprüfen der Taillenweite anprobieren. Die Gummibandenden passend übereinanderlegen und von Hand zusammennähen. Die Öffnungen an der Taillenkante von rechts mit der Nähmaschine schließen. Die Futter-Passe glatt nach innen in den Rock legen und die untere Passenkante zunächst von links am Rock feststecken **5f**. Damit man die Passe von rechts besser absteppen kann, den Rock wenden und die Stecknadeln vorsichtig auf die rechte Stoffseite umstecken. Dann die Passenansatznaht von rechts absteppen **5g**, entweder genau auf der Naht/dem Band oder knapp darüber. Und hier noch ein paar Modellbeispiele von genähten Röcken **5h**.

Sus ArT.ig

Susanne Troidl

Sus.ArT.ig

Mein ganzes Leben lang habe ich mich mit dem Nähen beschäftigt und mittlerweile mag ich es am liebsten bunt und verrückt. Ich kombiniere gerne verschiedene Muster und Materialien, nichts ist vor mir sicher. Ich nähe alles, was man so braucht, gerne auch eine passende Tasche zum jeweiligen Outfit. Seit kurzem begleitet mich eine Stickmaschine, so kann ich noch mehr tüddeln!

www.facebook.com/Sus.ArT.ig

Oslo

Shirt mit Wickelkapuze

Größe: 34–44 • **Schwierigkeitsgrad:** ✂✂ • **Schnittteile:** 2a bis 2d und 2f auf Bogen B, 12d und 12g auf Bogen C

Suchst Du noch nach dem ultimativen Kuschelshirt mit dem gewissen Extra? Hier hast Du es gefunden! Shirt Oslo ist ein schlank geschnittenes Longshirt, das mit zwei unterschiedlichen Stoffen sehr wirkungsvoll in Szene gesetzt werden kann. Die Wickelkapuze wird doppelt zugeschnitten, mit Ösen und Kordel versehen und lässt sich dann ganz wunderbar wie ein anschmiegsamer Kragen drapieren.

Material

- 120 cm Jacquard mit grafischem Muster, 140 cm breit (Stoff A, falls Du ein fertiges Bündchen verwendest, brauchst Du nur 100 cm)
- 100 cm Jacquard mit Ankern, 140 cm breit (Stoff B)
- 2 Ösen, Ø 8–11 mm je nach Stärke/Dicke der Kordel
- Reststück Leder oder waschbares Papier in Lederoptik (SnapPap)
- 140 cm Kordel
- 2 Kordelstopper
- Optional: Cuff-Me-Bündchen, 130 cm lang

Tipp zum Modell: Wenn Du einen schön gemusterten Stoff nicht gern »zerstückeln« möchtest oder einfach keinen passenden zweiten Stoff zum Modell findest, kannst Du das Vorderteil auch in einem Stück zuschneiden. Lege hierzu die Schnittteile für das mittlere und seitliche Vorderteil (2a und 2b) beim Zuschnitt an der Teilungsnaht einfach zusammen.
Wenn der Oberstoff dehnbar genug ist, kannst Du die Bündchen ebenfalls aus diesem Material zuschneiden. Sollte das nicht der Fall sein, verwendest Du stattdessen ein passendes Strick- oder Cuff-Me-Bündchen.

Zuschneideplan

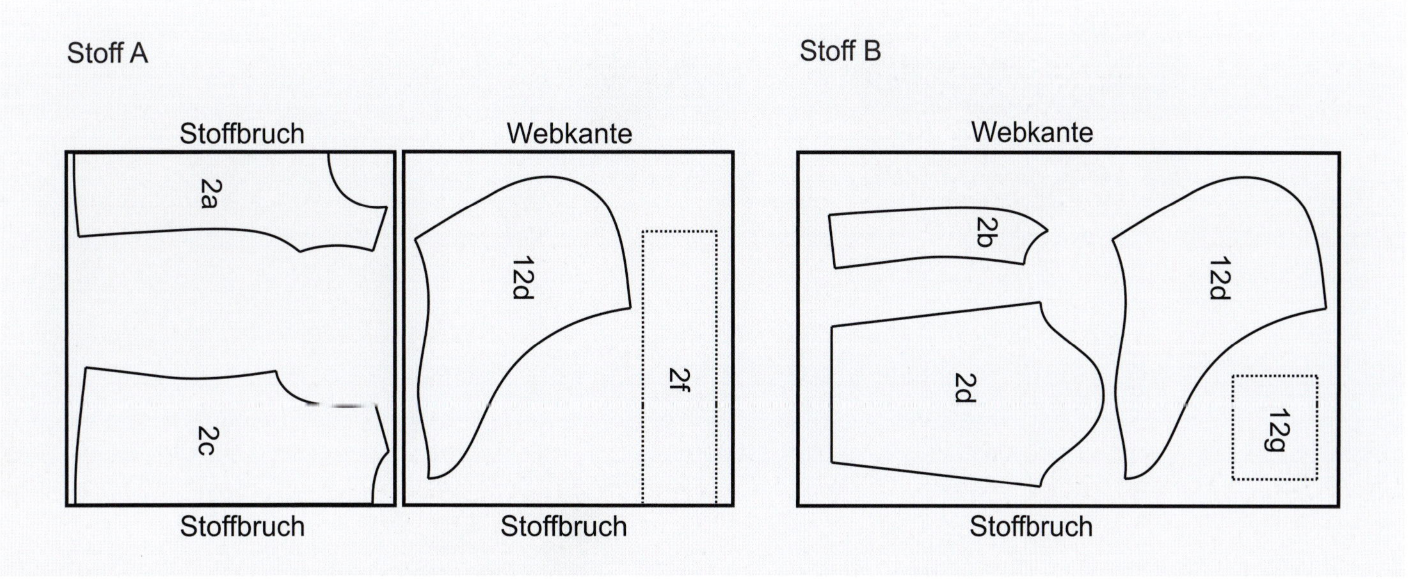

Zuschneiden

Nahtzugaben: An allen Kanten 1 cm Nahtzugabe hinzufügen.

- 1-mal mittleres Vorderteil 2a im Stoffbruch
- 2-mal seitliches Vorderteil 2b
- 1-mal Rückenteil 2c im Stoffbruch
- 2-mal Ärmel 2d
- 4-mal Kapuze 12d
- 1-mal Saumbündchen 2f im Stoffbruch
- 2-mal Ärmelbündchen 12g
- Optional: **Cuff-Me-Bündchen** nach Maß zuschneiden, siehe Anleitung.

So wird's gemacht

Für diesen Schnitt **nur** elastische Stoffe verwenden. Alle Nähte sollten ebenfalls elastisch sein, verwende zum Nähen eine Jerseynadel, siehe auch »Was Du wissen solltest«, Seite 9 f.

1 Alle Teile laut Zuschneideplan zuschneiden.

2 **Teilungsnähte:** Die vorderen Seitenteile rechts auf rechts an das mittlere Vorderteil stecken und annähen **2a**. Die Nahtzugaben zusammen versäubern, zum mittleren Vorderteil bügeln und die Nähte von rechts füßchenbreit absteppen **2b**.

2a

2b

3

3 Die Schulternähte jeweils rechts auf rechts schließen und die Nahtzugaben zusammen versäubern **3**.

4a

5b

5c

4b

5a

5 Bündchen aus Oberstoff nähen: Das Saumbündchen zum Ring schließen, dafür die kurzen Seiten rechts auf rechts zusammennähen. Anschließend das Bündchen links auf links doppelt legen, sodass die Längskanten aufeinanderliegen und es die fertige Breite erhält. Die Gesamtweite von Bündchen **5a** und Saumkante jeweils in vier Abschnitte unterteilen und Stecknadeln zur Markierung stecken. Dann das Bündchen doppelt gelegt mit den offenen Kanten rechts auf rechts an die Saumkante stecken **5b**. Hierbei steckst Du zuerst die Markierungsnadeln von Bund und Saum passgenau übereinander, dehnst anschließend das Bündchen zwischen den Nadeln und steckst es dort ebenfalls fest. Das Bündchen mit einem elastischen Stich annähen und die Nahtzugaben zusammen versäubern **5c**.

4 Ärmel nähen: Die Ärmel rechts auf rechts in die Armausschnitte stecken, hierbei treffen jeweils die Schulternähte und Schultermarkierungen von Oberteil und Ärmeln aufeinander **4a**. Die Ärmel einnähen und die Nahtzugaben zusammen versäubern. Anschließend die Ärmel- und Seitennähte rechts auf rechts zusammenstecken **4b** und die Nähte jeweils in einem Arbeitsgang schließen. Die Nahtzugaben zusammen versäubern.

Tipp zum Modell: Die Wickelkapuze ist Dir vielleicht schon beim Kleid Stockholm ab Seite 20 aufgefallen. Die Kapuze lädt zum Spielen mit Mustern und Farben ein: Hier ist das Kleid aus einem Stoff genäht, dafür glänzen Kapuzenfutter und Kordel in Kontrastfarbe.

6a

6b

7

6 Cuff-Me-Bündchen: Das Bündchen nach Maß zuschneiden. Überprüfe aber die Weite vor dem Zuschnitt, damit das Bündchen für Dich genau passend sitzt. Die Länge des Saumbündchens beträgt in den Größen 34–44: 70/74/78/82/86/90 cm plus Nahtzugaben an den Seitenkanten, für das Ärmelbündchen: 18–20 cm plus Nahtzugaben an den Seitenkanten.

Wie Du die Bündchen annähst, ist beim Oversizepulli Kopenhagen unter Punkt 7 auf Seite 30 ausführlich beschrieben **6a**. Mit angenähten Saum- und Ärmelbündchen sieht das Shirt nun so aus **6b**.

7 Wickelkapuze: Nähe die Kapuze, wie beim Shirtkleid Stockholm mit Wickelkapuze auf Seite 23 f., Punkt 5, beschrieben. Fertig genäht sieht die Wickelkapuze dann so aus **7**.

NAHTürlich SCHWÄBISCH

Anja Becker

NAHTürlich schwäbisch

Vor zwei Jahren entwickelte sich plötzlich der Wunsch, eigene Kleidung zu nähen, und neben Omas Equipment habe ich auch ihr Talent mit auf den Weg bekommen. Die Begeisterung für Hoodies und Kapuzenshirts kam durch Miou Miou und die sind, neben Kleidern, mein Steckenpferd. Auffällige Stoffdesigns und besondere Details sind genauso ein Muss, wie anschließend mit meiner Freundin Dominka loszuziehen und meine Werke zu fotografieren.

www.facebook.com/nahtuerlichschwaebisch

Capri

Shirt mit Rückenausschnitt

Größe: 34–44 • **Schwierigkeitsgrad:** ✂✂ • **Schnittteile:** 1a bis 1f auf Bogen A

Mit Shirt Capri kannst Du ein ganz besonderes Lieblingsstück für Dich zaubern. Schon von vorne sieht es ganz umwerfend aus, aber der Clou ist der große Rückenausschnitt! Ein bisschen retro, ein bisschen Audrey Hepburn, einfach nur zum Verlieben und um andere damit zu verzaubern! Das Shirt kannst Du in zwei Längen nähen, etwas kürzer zum Rock oder zu einer weiteren Hose, ein wenig länger zur engeren Jeans... so hast Du immer den perfekten Look!

Material

Variante 1 (lang):

- 135/135/135/135/140/145 cm Strick-Jacquard mit Zickzack-muster in Türkis, 140 cm breit

Variante 2 (kurz):

- 130/130/130/130/135/140 cm Strick-Jacquard mit Blumen in Pink, 140 cm breit
- Optional (für beide Varianten): 30 cm dehnbare Einlage für den Kragen, z. B. Vlieseline H 609

Tipp zum Modell: Das Shirt ist um Taille und Rücken locker geschnitten, damit es nicht einengt und auch schnell genäht ist. Wenn Du es figurbetonter magst, kannst Du die Abnäher nähen, die im Vorder- und Rückenteil gestrichelt eingezeichnet sind.

Zuschneiden

Nahtzugaben: 3 cm breite Saumzugaben sind in den Schnittteilen bereits enthalten, an allen anderen Kanten 1 cm Nahtzugabe hinzufügen.

Strick-Jacquard

- 1-mal Vorderteil 1a im Stoffbruch
- 1-mal Rückenteil 1b im Stoffbruch
- 2-mal Ärmel 1c
- 4-mal Kragen 1d
- 1-mal vorderer Beleg 1e im Stoffbruch
- 1-mal hinterer Beleg 1f im Stoffbruch

Einlage

- 2-mal Kragen 1d (optional)

Zuschneideplan

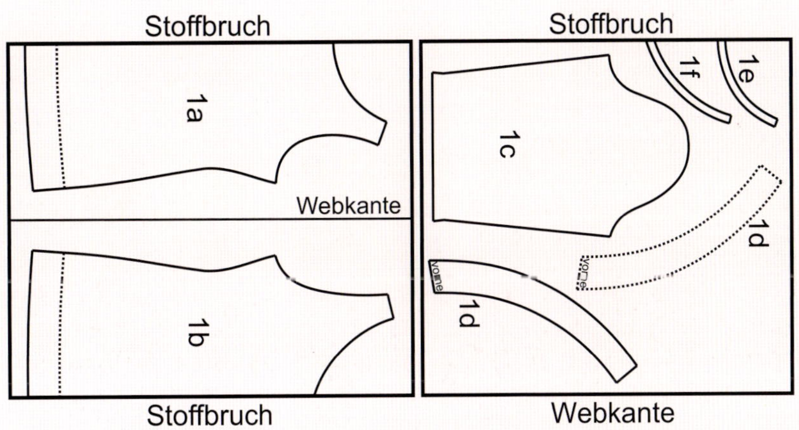

So wird's gemacht

Für diesen Schnitt **nur** elastische Stoffe verwenden. Alle Nähte sollten ebenfalls elastisch sein, verwende zum Nähen eine Jerseynadel, siehe auch »Was Du wissen solltest«, Seite 9 f.

1 Alle Teile laut Zuschneideplan zuschneiden.

2 Die Schulternähte rechts auf rechts schließen und die Nahtzugaben jeweils gemeinsam versäubern. Dann die Ärmel rechts auf rechts in die Armausschnitte stecken und einnähen. Ärmel- und Seitennähte in einem Arbeitsgang rechts auf rechts schließen und an allen Nähten jeweils die Nahtzugaben zusammen versäubern. Shirt- und Ärmelsäume 3 cm breit nach links umbügeln und zuerst einmal knappkantig von links und dann, um die typische Doppelnaht zu erzeugen, noch einmal in gewünschtem Abstand zur ersten Naht von rechts absteppen. Diese Arbeitsgänge findest Du auch detailliert mit Steppfotos beschrieben beim Oversizepulli Kopenhagen auf Seite 28 f., Punkt 3 und 4. Das Shirt sieht anschließend so aus **2**.

2

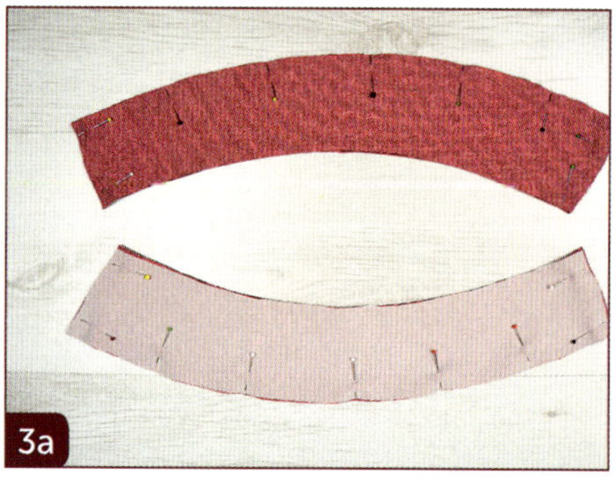

3a

3b

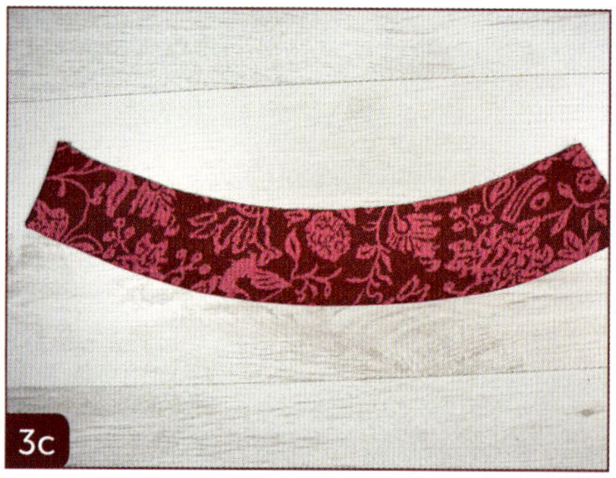

3c

3 **Kragen:** Falls gewünscht, die Oberseite des Kragens (= 2 gegengleiche Kragenteile) mit Einlage bekleben **3a**. Übertrage den im Schnitt eingezeichneten Schulterpunkt auf die

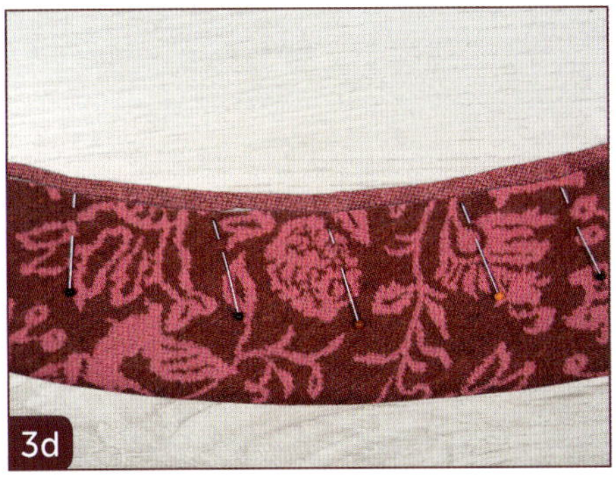
3d

3g

3j

3e

3h

3k

3f

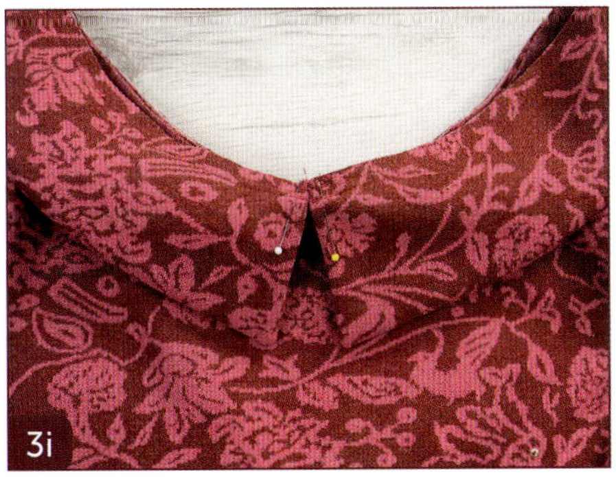
3i

3l

Kragenteile, setze hierzu einen kleinen Knips oder stecke eine Stecknadel. Dann jeweils ein Kragenteil mit und eins ohne Einlage rechts auf rechts zusammenstecken und die beiden kurzen Seiten und die Außenkante zusammennähen. Die Nahtzugaben auf die Hälfte zurückschneiden und an den Kragenecken die Nahtzugaben schräg wegschneiden **3b**. Anschließend den Kragen wenden und die Kanten bügeln **3c**. Damit der Kragen sich optimal um die Halsrundung legt und nicht absteht, sind folgende Arbeitsgänge nötig: Schiebe die Nahtzugabe des Oberkragens 5 mm weit von der Kragenkante weg **3d**. Zu den Ecken hin lässt Du die Verschiebung auslaufen, sodass die Kanten von Ober- und Unterkragen hier wieder genau aufeinanderliegen. Hefte die Kanten mit der Nähmaschine aufeinander und schneide die überstehende Nahtzugabe ab **3e**. Wenn Du den Kragen jetzt hochgestellt hinlegst – so wie Du ihn später annähen wirst – sollte er ohne abzustehen schön glatt liegen bleiben **3f**. Die fertigen Kragenteile sehen dann so aus **3g**. Nun die beiden Kragenteile (jeweils mit dem Oberkragen nach oben) an den Ausschnitt stecken, sodass die vordere und hintere Mitte der Kragenteile und des Oberteils jeweils aufeinandertreffen **3h**. Den Kragen knappkantig feststeppen und die Kragenecken an der vorderen und hinteren Mitte mit Nadeln sichern, damit sie beim nachfolgenden Arbeitsgang nicht verrutschen **3i**. Den vorderen und hinteren Beleg an den Schultern jeweils rechts auf rechts zusammennähen und anschließend die äußere Kante des Belegs versäubern **3j**. Vordere und hintere Mitte des Belegs mit Stecknadeln mar-

3m

3n

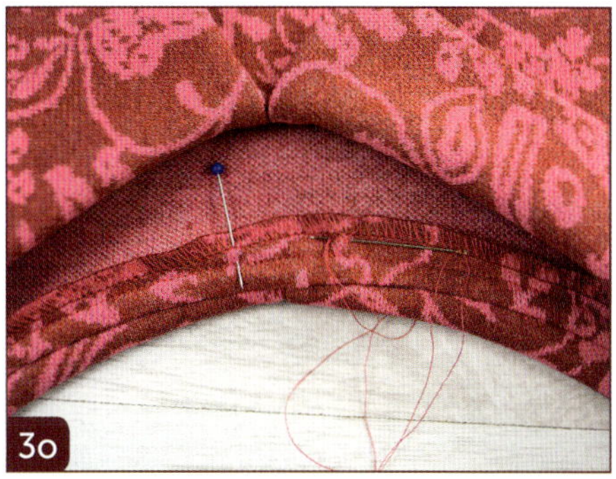

3o

kieren und dann den Beleg passend rechts auf rechts an den Ausschnitt stecken. Der Kragen liegt hierbei zwischen Oberteil und Beleg und die Schulternähte sowie die vorderen bzw. hinteren Mitten der Teile liegen genau übereinander **3k**. Den Beleg annähen und die Nahtzugaben zurückschneiden **3l**. Den Kragen hochklappen und den Beleg von rechts mit Stecknadeln an der Ausschnittkante fixieren **3m**. Die Ausschnittkante anschließend rundherum knappkantig absteppen und den Kragen wieder nach außen klappen.

Tipp: Damit die Kragenecken beim Tragen nicht nach oben klappen, kannst Du sie jeweils von links mit ein paar Handstichen festheften. Dafür die Kragenecken von rechts feststecken **3n**. Achte darauf, dass Du beim Nähen nur die Unterseite des Kragens fasst **3o**.

Jessica Vossebein

--- Bunt ist meine Farbe ---

Nähen ist Liebe!
Vor 11 Jahren hat mich das Nähfieber gepackt und seitdem hat mein Kleiderschrank ständig neue Beulen. Ich liebe es meine selbstgenähten Kleidungstücke jeden Tag zu tragen. Es gibt für mich nichts Schöneres, als sich so mit diesem Hobby kreativ auszudrücken. Dabei darf bei mir Rosa nie fehlen. Das Leben ist kurz, näht schneller und immer fröhlich lächeln.

www.hummelschn.blogspot.com
www.facebook.com/Hummelschn.de
www.instagram.com/jessihummelschn

Verona

Blusenshirt mit breiter Schärpe

Größe: 34–44 • **Schwierigkeitsgrad:** ✂ • **Schnittteile:** 3a bis 3j auf Bogen C

Blusenshirt Verona wird Dich begeistern! Seitliche Teilungsnähte bringen es wunderbar auf Figur, der 3/4-lange (leichte) Kräuselärmel und die doppelt umgelegte Schärpe unterstreichen die verspielte Silhouette. Beim Ärmel hast Du die Wahl zwischen einem glatten und einem Kräusel-Ärmel. Außerdem bekommt der Ärmel ein schmales Bündchen ... insgesamt wenig Aufwand, aber maximale Wirkung. Perfekt also, um Dein neues Lieblingsstück im Kleiderschrank zu werden!

Material

- 160 cm Jacquard mit Rippenmuster in Olivgrün, 140 cm breit

Tipp zum Modell: Variiere die Ärmelformen des Blusenshirts, wie Du es magst. So passen Schnitt und ausgewählter Stoff optimal zusammen. Zu einem romantisch geblümten Stoff harmoniert der leichte Kräuselärmel doch perfekt, wie das zauberhafte Modellbeispiel unserer Bloggerin auf der übernächsten Seite zeigt. Und wenn es schlichter und sportlicher aussehen soll, wählst Du einfach den glatten Ärmel, wie Du ihn hier beim Blusenshirt in Kaki sehen kannst.

Zuschneiden

Nahtzugaben: 3 cm breite Saumzugaben sind im Schnitt bereits enthalten, an allen anderen Kanten 1 cm Nahtzugabe hinzufügen.

- 1-mal mittleres Vorderteil 3a im Stoffbruch
- 2-mal seitliches Vorderteil 3b
- 1-mal mittleres Rückenteil 3c im Stoffbruch
- 2-mal seitliches Rückenteil 3d
- 2-mal Kräuselärmel 3e **oder**
- 2-mal glatter Ärmel/ohne Kräusel 3f
- 2-mal Ärmelbündchen 3g
- 1-mal vorderer Ausschnittbeleg 3h im Stoffbruch
- 1-mal hinterer Ausschnittbeleg 3i im Stoffbruch
- 2-mal Bindegürtel 3j (Schnittteile 3j1 und 3j2 wie auf dem Bogen beschrieben zusammenkleben)

Zuschneideplan

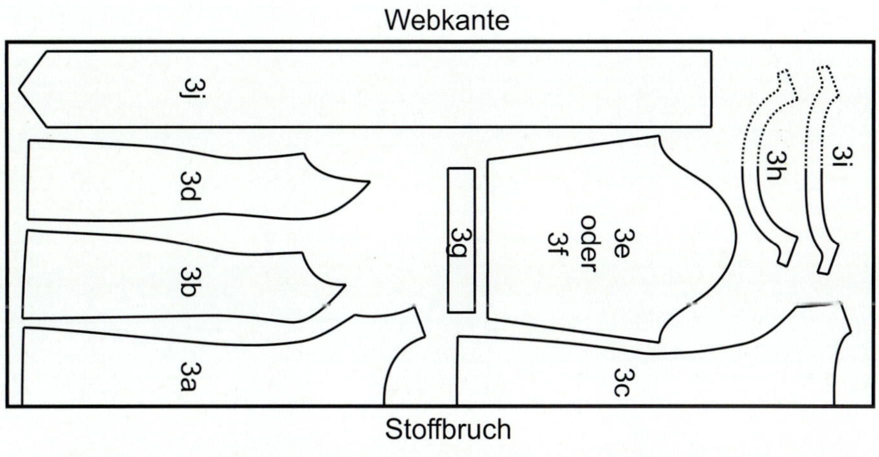

2a

2c

5a

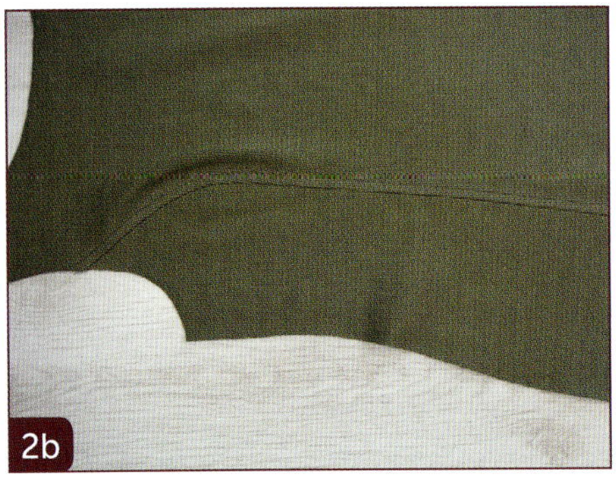
2b

3

5b

So wird's gemacht

Für diesen Schnitt **nur** elastische Stoffe verwenden. Alle Nähte sollten ebenfalls elastisch sein, verwende zum Nähen eine Jerseynadel, siehe auch unter »Was Du wissen solltest«, Seite 9 f.

1 Alle Teile laut Zuschneideplan zuschneiden.

2 **Nähte:** Die seitlichen Vorderteile jeweils rechts auf rechts an das mittlere Vorderteil stecken **2a** und annähen. Die Nahtzugaben zusammen versäubern, zur vorderen Mitte bügeln und die Nähte füßchenbreit absteppen **2b**. Beim Rückenteil genauso vorgehen **2c**. Die Schulternähte rechts auf rechts schließen und die Nahtzugaben jeweils zusammen versäubern.

3 **Glatten Ärmel einsetzen:** Die Ärmel rechts auf rechts in die Armausschnitte stecken, hierbei treffen die Schulterpunkte und Schulternähte von Oberteil und Ärmel jeweils aufeinander **3**. Die Ärmel einnähen und die Nahtzugaben zusammen versäubern.

4 **Kräuselärmel einsetzen:** Die Armkugel im oberen Bereich zwischen den Markierungen einkräuseln (siehe auch unter »Was Du wissen solltest« auf Seite 11). Die Ärmel rechts auf rechts in die Armausschnitte stecken und zwar erst am Anfang und Ende des Armausschnitts und am Schulterpunkt. Dann den Ärmel jeweils von den Seiten bis zum Beginn der Kräuselung glatt einstecken und anschließend die Kräuselunterfäden so weit anziehen, dass die Armkugel genau in den Armausschnitt passt. Die Ärmel einnähen und die Nahtzugaben zusammen versäubern.

5c

5 Anschließend bei beiden Ärmelvarianten die Ärmel- und Seitennähte rechts auf rechts zusammenstecken und jeweils in einem Arbeitsgang schließen. Die Nahtzugaben zusammen versäubern und ebenfalls die Saumkante des Shirts versäubern. Dann sieht das Oberteil mit glatten Ärmeln so aus **5a**. Die Ärmelbündchen nähen, wie beim Shirt Hamburg auf Seite 70 unter Punkt 4 beschrieben **5b**. Die fertig genähten Ärmelbündchen siehst Du hier **5c**.

6a

6b

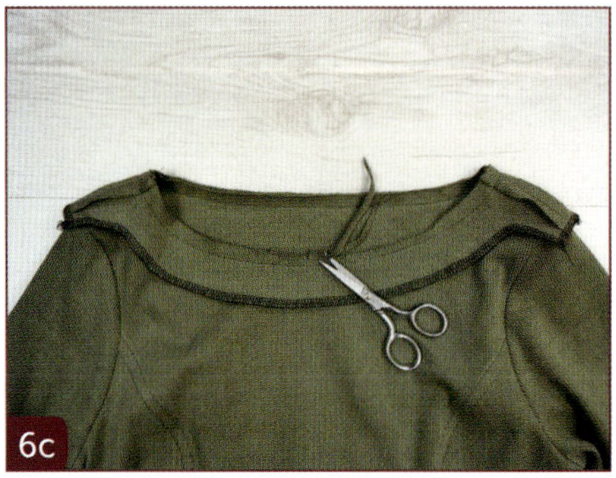
6c

6d

6e

6f

6 **Ausschnittbeleg nähen:** Den vorderen und hinteren Beleg an den Seitennähten (= kurze Kanten) rechts auf rechts zusammennähen, die Nahtzugaben auseinanderbügeln und anschließend die äußere Kante rundum versäubern **6a**. Am Beleg und Halsausschnitt die vordere und hintere Mitte jeweils mit einer Stecknadel markieren. Dann den Beleg passend am Ausschnitt feststecken, sodass die Schulternähte auf die Seitennähte des Belegs und die Markierungsnadeln von Beleg und Oberteil genau aufeinandertreffen **6b**. Den Beleg annähen und die Nahtzugaben zurückschneiden **6c**, dann den Beleg nach innen umlegen und von außen feststecken **6d**. Anschließend die Ausschnittkante bügeln und füßchenbreit von rechts absteppen **6e**. Den Beleg zum Schluss noch von rechts im Nahtschatten der Schulternähte feststeppen **6f**.

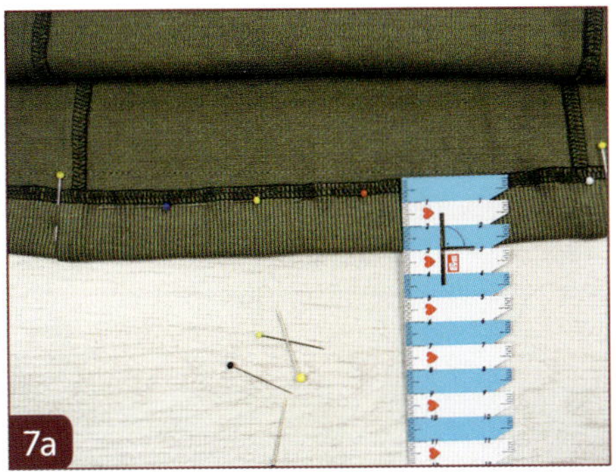

7 **Saum nähen:** Den Saum 3 cm breit nach links umlegen, feststecken und bügeln **7a**. Anschließend den Saum mit der typischen Doppelnaht festnähen, wie beim Rock Berlin unter Punkt 3 auf Seite 41 beschrieben **7b**.

8 **Schärpe nähen:** Die beiden Schärpenteile an den kurzen Seiten zusammennähen, Nahtzugaben auseinanderbügeln und dann die Längskanten rechts auf rechts aufeinanderlegen und feststecken **8**. Die beiden kurzen Enden und die offene, lange Kante bis auf ein Stück zum Wenden schließen. Die Nahtzugaben etwas zurückschneiden und die Schärpe auf rechts wenden. Die Öffnung von Hand mit ein paar Stichen zunähen.

Christin Delert

mialoma

Als ich vor 9 Jahren mit dem Nähen von kleinen Halstüchern und Mützen anfing, hätte ich nie gedacht, wohin der Weg meines Hobbys mich führen würde. Inzwischen sind die Kleiderschränke meiner 2 Mädels und mir prall gefüllt mit den farbenfrohsten selbst genahten Unikaten.

www. facebook.com/mialoma.blog
www. instagram.com/mialoma_blog

Hamburg

Blusenshirt mit Falten und Kräuselärmeln

Größe: 34–44 • **Schwierigkeitsgrad:** ✂✂ • **Schnittteile:** 4a bis 4e auf Bogen B

Dieses zauberhafte Blusenshirt ist ein idealer Kombipartner für all Deine Röcke und Hosen. Es hat viele hübsche Details wie die Falten am Ausschnitt, die extralangen Ärmelbündchen und die verspielten Kräuselärmel. Shirt Hamburg lässt sich praktisch aus jedem Jerseystoff Deiner Wahl nähen und - ganz ehrlich - von so einem Allrounder kann man eigentlich nie genug haben! In diesem Buch gesellt es sich ganz wunderbar zu den Röcken Dublin und Berlin.

Material

- 150 cm Jersey-Jacquard (für alle Größen), 140 cm breit

Tipp zum Modell: Wenn Du die Kräuselung in der Armkugel etwas dezenter haben möchtest, kannst Du die Strecke zum Einkräuseln rechts und links jeweils um 2 cm verlängern. Hierdurch verteilt sich die Kräuselung etwas mehr und fällt optisch weniger auf.

Zuschneiden

Nahtzugaben: 3 cm breite Saumzugaben sind in den Schnittteilen bereits enthalten, am Halsausschnitt keine, an allen anderen Kanten 1 cm Nahtzugabe dazugeben.

- 1-mal Vorderteil 4a im Stoffbruch
- 1-mal Rückenteil 4b im Stoffbruch
- 2-mal Ärmel 4c
- 2-mal Ärmelbündchen 4d
- 1-mal Einfassband (4e) für den Ausschnitt: 4 cm breit, in Halslochweite plus 5 cm Nahtzugabe

Tipp: Im 45° Winkel zugeschnitten passt sich der Streifen optimal an die Halsrundung an. Reicht der Stoff nicht aus, kann der Streifen bei dehnbaren Stoffen notfalls auch im normalen Fadenlauf zugeschnitten werden.

So wird's gemacht

Für diesen Schnitt **nur** elastische Stoffe verwenden. Alle Nähte sollten ebenfalls elastisch sein, verwende zum Nähen eine Jerseynadel, siehe auch »Was Du wissen solltest«, Seite 9 f.

Zuschneideplan

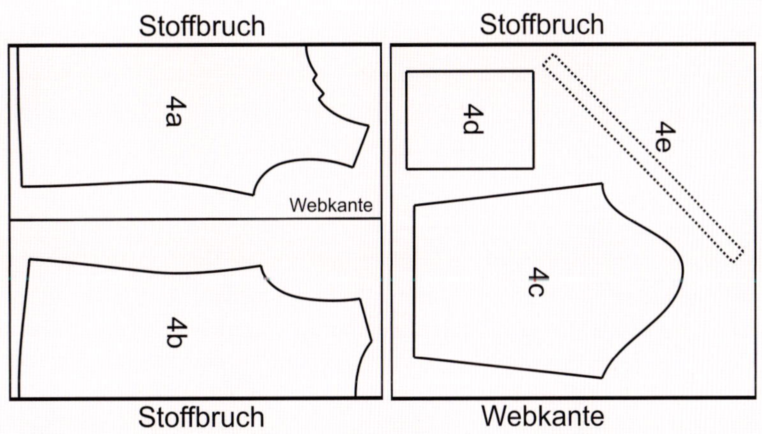

2

3a

3b

4a

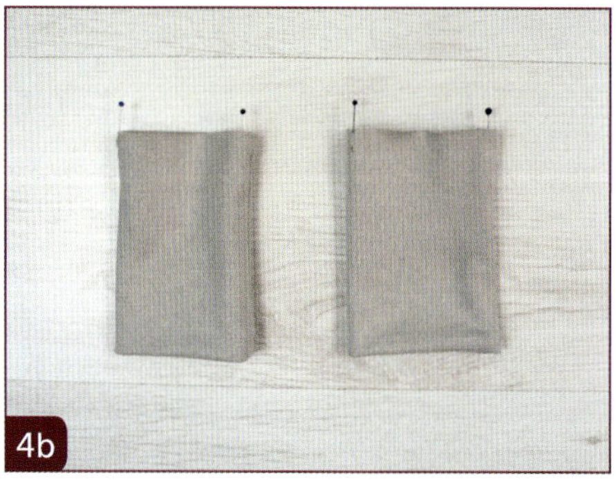
4b

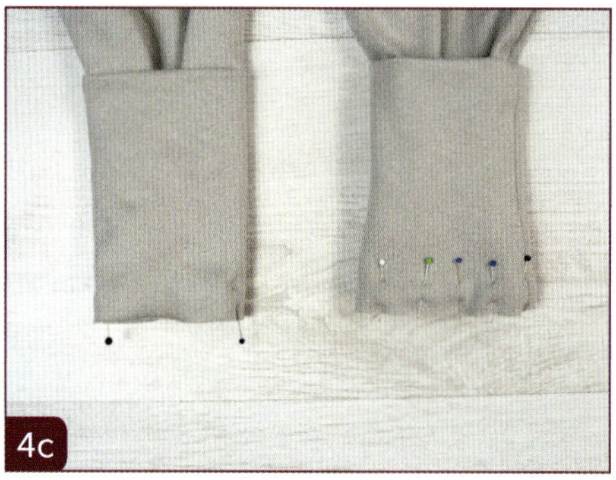
4c

4d

4e

1 Alle Teile laut Zuschneideplan bzw. nach Maß zuschneiden.

2 Die Lage der Falten, wie auf dem Schnittmuster markiert, auf das Vorderteil übertragen. Hierzu kannst Du entweder an den entsprechenden Stellen kleine Knipse (max. 3 mm tief) mit der Schere setzen oder Stecknadeln anbringen. Anschließend die Falten rechts auf rechts und X auf O zusammenlegen, feststecken und knappkantig übersteppen **2**.

3 Die Schulter- und Seitennähte rechts auf rechts schließen und die Nahtzugaben jeweils zusammen versäubern **3a**. Bei den Ärmelnähten genauso vorgehen **3b**.

4 **Ärmel und Bündchen:** Die Seitennähte der Bündchen rechts auf rechts schließen. Dann die Bündchen links auf links doppelt legen, sodass die Längskanten aufeinanderliegen und sie die fertige Breite erhalten **4a**. Um die Bündchen gleichmäßig gedehnt annähen zu können, teilt man deren Gesamtweite in zwei Teile und steckt sich dort jeweils eine Stecknadel zur Markierung fest. Nadel 1 wird genau auf die Naht innen gesteckt, eine 2. Nadel genau gegenüber auf der Hälfte **4b**. An den Ärmelsaumkanten genauso vorgehen. Anschließend die Markierungsnadeln der Bündchen passgenau an die Stecknadeln der Ärmelkanten stecken. Die Bündchen zwischen den Nadeln leicht dehnen und nochmals feststecken **4c**. Dann die Bündchen mit einem elastischen Stich annähen und die Nähte zusammen versäubern. Fertig genäht sehen die Ärmel jetzt so aus **4d**. Die Ärmel an der Armkugel laut Markierung auf dem Schnitt einkräuseln, siehe auch »Was Du wissen solltest«, Seite 11. Die Fadenenden jeweils auf einer Seite verknoten, dann die Unterfäden der Kräuselnähte auf eine Länge von 7 cm anziehen und auch das andere Fadenende verknoten **4e**. Die fertigen Ärmel vorerst zur Seite legen.

5a

5c

5f

5b

5d

5g

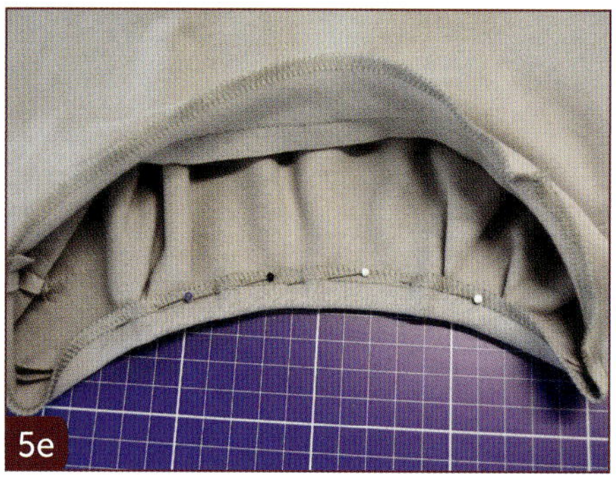
5e

5h

5 Ausschnitt einfassen: Das Einfassband an einer Schulterseite beginnend, sodass 1 cm Nahtzugabe an der Schulternaht übersteht, an den Halsausschnitt stecken **5a.** Dann das Band rundherum feststecken **5b**. Damit der Streifen sich hierbei perfekt um den Ausschnitt legt, ziehst Du beim Anstecken den Streifen immer ein klein wenig stramm. Die Bandenden so abschneiden, dass an beiden Seiten jeweils 1 cm Nahtzugabe übersteht. Die Nadeln am Anfang und Ende entfernen und die Schmalseiten des Bands rechts auf rechts zusammennähen. Die Nahtzugaben auseinanderlegen und das Band wieder komplett feststecken, dann rundherum 1 cm breit annähen **5c**. Die Außenkante des Einfassbands versäubern **5d** und diese Kante anschließend genau an der Halsausschnittkante nach innen umlegen und feststecken **5e**. Damit das Band von rechts besser abgesteppt werden kann, die Nadeln noch einmal nach rechts umstecken **5f**. Dann das Einfassband von rechts knappkantig feststeppen **5g**. Fertig genäht sieht der Ausschnitt jetzt so aus **5h**.

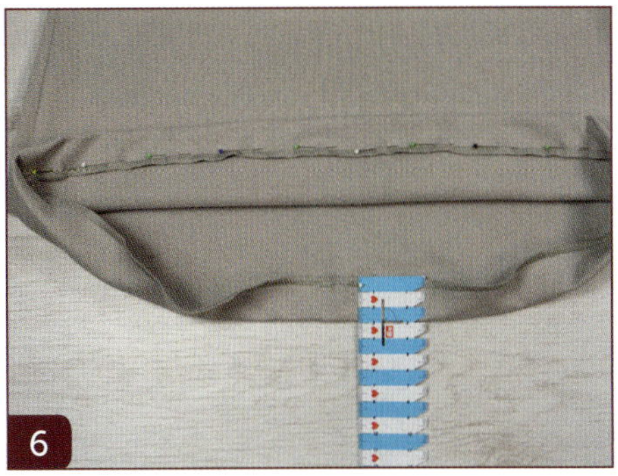

6

7a

7b

6 Den Saum 3 cm breit nach links umlegen und feststecken **6**. Anschließend den Saum mit der typischen Doppelnaht festnähen, wie beim Fake-Wickelrock Dublin auf Seite 35 unter Punkt 4 beschrieben.

7 **Ärmel einsetzen:** Die Ärmel rechts auf rechts in die Armausschnitte stecken, hierbei treffen die Seitennähte und Ärmelnähte sowie die Schulterpunkte und Schulternähte von Oberteil und Ärmeln jeweils aufeinander **7a**. Die Ärmel einnähen und die Nahtzugaben zusammen versäubern **7b**.

Auch unsere beiden Bloggerinnen Daniela Schäfer und Martina Jahnke haben sich gleich in dieses Shirt verliebt und es zu ihren Röcken kombiniert. Die beeindruckenden Ergebnisse siehst Du auf Seite 37 und 43.

Göteborg

Schmale Hose

Größe: 34–44 • **Schwierigkeitsgrad:** • **Schnittteile:** 10a bis 10e auf Bogen A

Hose Göteborg ist eine schmal geschnittene, aber sehr bequeme Hose für dehnbare Stoffe. Aufgrund ihrer schlanken Form ist sie der perfekte Kombipartner für all Deine Oberteile, egal ob Pulli, Shirt, Bluse oder Jacke! Die gemütliche Hose zum Reinschlüpfen ist ruckzuck genäht, weil sie ganz ohne Verschluss auskommt und mit einem Gummizug auf Figur gebracht wird. Die recht schlichte Hose, lässt sich aber richtig aufpeppen und aktuell in Szene setzen, wenn Du ein breites Zierband auf die Seitennähte nähst! Unsere Bloggerin hat am Hosenbein ebenfalls ein Gummi eingezogen, auch das sieht richtig cool aus, oder?

Material

- 135/135/135/140/150/150 cm Jersey-Jacquard mit Elasthan, 140 cm breit
  oder
  135/135/135/140/150/150 cm leichter Jeansstoff mit Elasthan, 140 cm breit
- Optional: 210 cm Zierband für die Seitennähte, 2,5–3 cm breit
- 3–3,5 cm breites Gummiband: für Größe 34 und 36: 90 cm, Größe 38: 95 cm, Größe 40 und 42: 100 cm, Größe 44: 105 cm (Die Weite bitte vor dem Kauf kontrollieren.)

Tipp zum Modell: Hose Göteborg kannst Du aus vielen unterschiedlichen, dehnbaren Materialien nähen, z. B. aus leichten Jeanswaren, Feincord, Jeans-Jersey, Stretch-Gabardine oder Strick-Jacquard. Achte aber unbedingt darauf, dass diese Stoffe einen Elasthananteil von mindestens 3 % enthalten.

Zuschneideplan

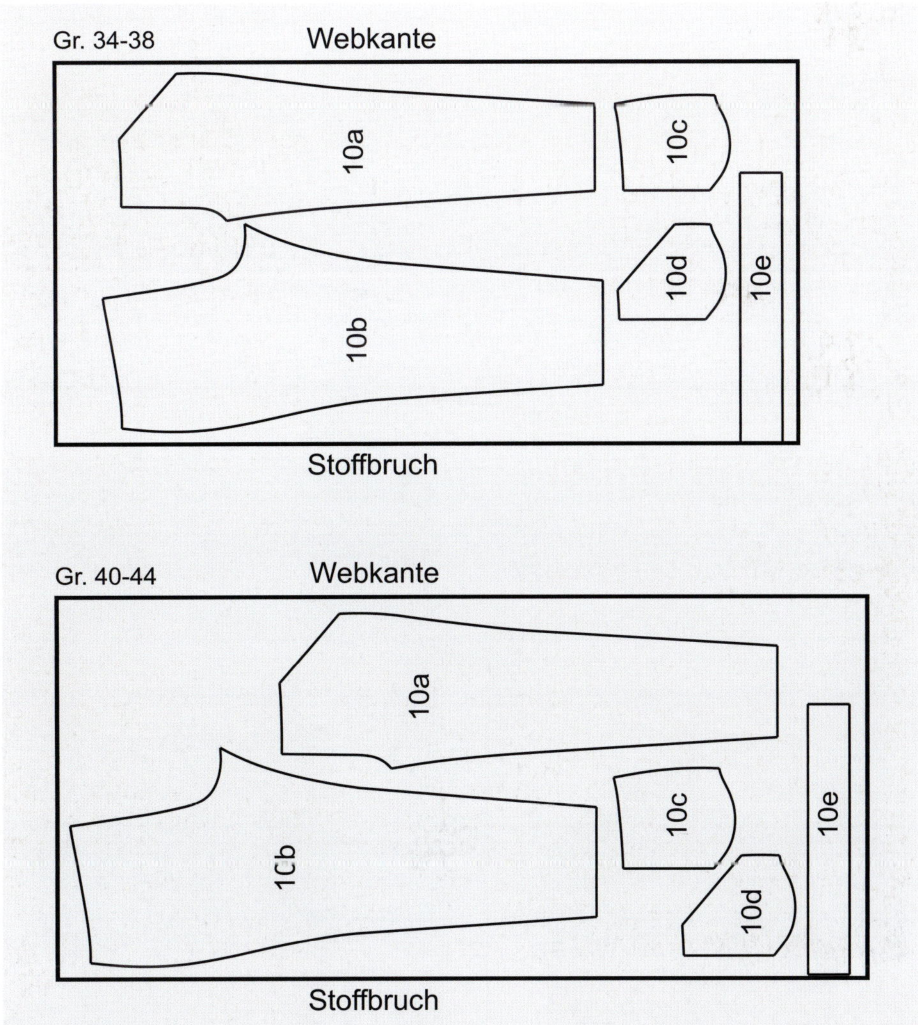

Zuschneiden

Nahtzugaben: 3 cm breite Zugaben am Hosensaum sind im Schnitt bereits enthalten, an allen anderen Kanten 1 cm Nahtzugabe hinzufügen.

- 2-mal Vorderhose 10a
- 2-mal Hinterhose 10b
- 2-mal Tasche 10c
- 2-mal Taschenbeleg 10d
- 1-mal Hosenbund 10e im Stoffbruch

So wird's gemacht

Für diesen Schnitt **nur** elastische Stoffe verwenden. Alle Nähte sollten ebenfalls elastisch sein, verwende zum Nähen eine Jerseynadel, siehe auch »Was Du wissen solltest«, Seite 9 f.

1 Alle Teile laut Zuschneideplan zuschneiden.

2 **Tasche nähen:** Die Taschenbelege jeweils rechts auf rechts an die Tascheneingriffe stecken und festnähen **2a**. Die Taschenbelege nach innen wenden, die Taschenkanten bügeln und füßchenbreit absteppen. Die Taschenbeutel rechts auf rechts an die Außenkanten der Taschenbelege stecken **2b** und an der gerundeten Kante zusammennähen. Die Nahtzugaben jeweils zusammen versäubern und die Taschenbeutel an der Seiten- und Taillenkante der Vorderhose festheften.

3 **Seitennähte:** Jeweils die passende Vorder- und Hinterhose rechts auf rechts aufeinanderlegen und an den Seitenkanten zusammenstecken **3a**, die Nähte schließen und die Nahtzugaben zusammen versäubern. Die Nahtzugaben zu einer Seite bügeln und anschließend die Nähte nach Wunsch absteppen. Wer mag, kann nun Zierbänder auf die Seitennähte stecken und diese dann jeweils an beiden Kanten entlang knappkantig feststeppen. Fertig genäht sieht die Seitennaht mit Band dann so aus **3b**.

2a

2b

3a

4 Nähte und Hosensaum: Für das Umnähen des Saums genau die doppelte Breite (6 cm) des fertigen Saums (3 cm) mit Schneiderkreide oder einem Trickmarker auf der linken Stoffseite der Hosenbeinkante anzeichnen **4a**. Die Saumkante versäubern und genau bis zur Markierung umlegen und umbügeln. So wird der Saum genau 3 cm breit. Den Saum wieder aufklappen und die inneren Beinnähte rechts auf rechts schließen. Die Nahtzugaben jeweils zusammen versäubern **4b**. Den vorgebügelten Saum rundum auf der linken Seite feststecken **4c** und dann entlang der oberen Kante von links feststeppen. Damit die typische Doppelnaht entsteht, wird von rechts noch ein zweites Mal parallel zur vorher genähten Naht in gewünschter Breite abgesteppt.

3b

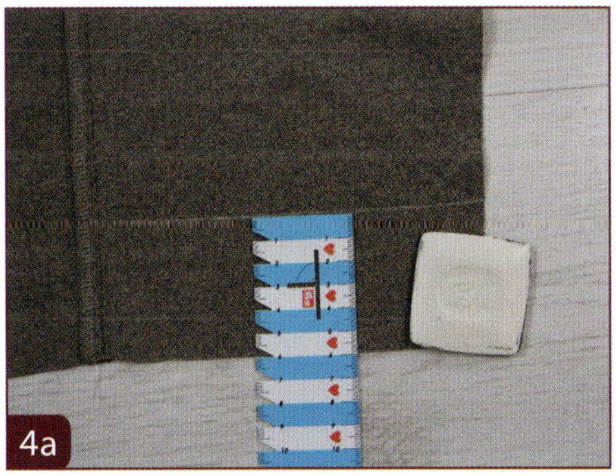
4a

4b

4c

Tipp: Das Nähen einer engen, rundgeschlossenen Naht gelingt am besten, wenn Du hierzu die Freiarmfunktion Deiner Nähmaschine nutzt.

5 Anschließend die Schrittnaht schließen, hierzu ein Hosenbein auf rechts wenden und in das andere Hosenbein schieben, sodass die Beine rechts auf rechts liegen. Die Schrittnaht stecken, nähen und anschließend die Kanten zusammen versäubern.

6 Taillenbund aus Oberstoff: Den Bund genauso arbeiten, wie beim Fake-Wickelrock Dublin auf Seite 36 unter Punkt 5 mit Steppfotos beschrieben.

Judith Schütze - Lieblings -

LYEBLINGS

Mehr zu Judith Schütze findest Du auf Seite 31.

Miami

Joggpants

Größe: 34–44 • **Schwierigkeitsgrad:** • **Schnittteile:** 9a bis 9f auf Bogen D

Die Joggpants Miami präsentiert sich hier ganz chillig und ein bisschen verspielt! Schlank geschnitten macht sie auch außerhalb Deiner Trainingszeiten eine gute Figur. Sie hat bequeme Eingrifftaschen, die mit Zierbändern hübsch aufgepeppt werden können. Der Bund bekommt Ösen zum Einzug einer Kordel und wird zusätzlich mit einem breiten Gummiband verstärkt.

Material

- 135/135/135/140/150/150 cm Sweat-Jacquard in Jeansoptik, 140 cm breit
- 40 cm Spitzenborte zur Verzierung der Tasche
- 130 cm Kordel
- 2 Ösen
- ein Stück Leder oder waschbares Papier, z. B. SnapPap
- 3–4 cm breites Gummiband für Größe 34 und 36: 90 cm, Größe 38: 95 cm, Größe 40 und 42: 100 cm, Größe 44: 105 cm (Die Weite bitte vor dem Kauf überprüfen!)

Tipp zum Modell: Wenn Du dieses Modell mal ganz ohne Taschen nähen möchtest, legst Du einfach das Schnittteil vom Taschenbeleg unter den Tascheneingriff der Vorderhose, fixierst ihn dort und schneidest anschließend das komplette Hosenteil zu. Als Variante kannst Du die Joggpants auch ohne Hosenbeinbündchen nähen. Die benötigte Verlängerung für das Hosenbein ist ebenfalls im Schnitt mit eingezeichnet.

Zuschneideplan

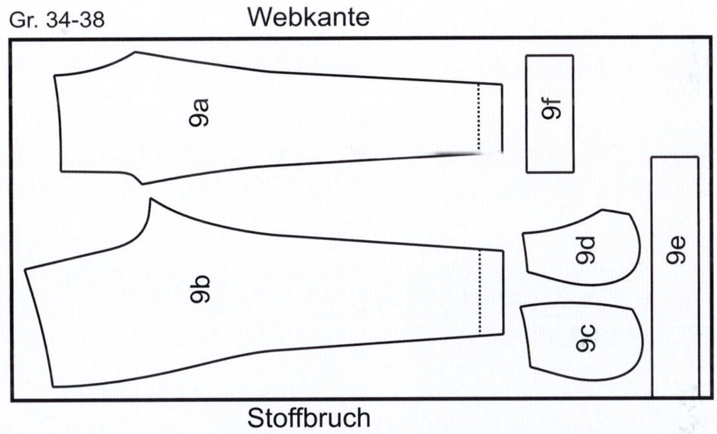

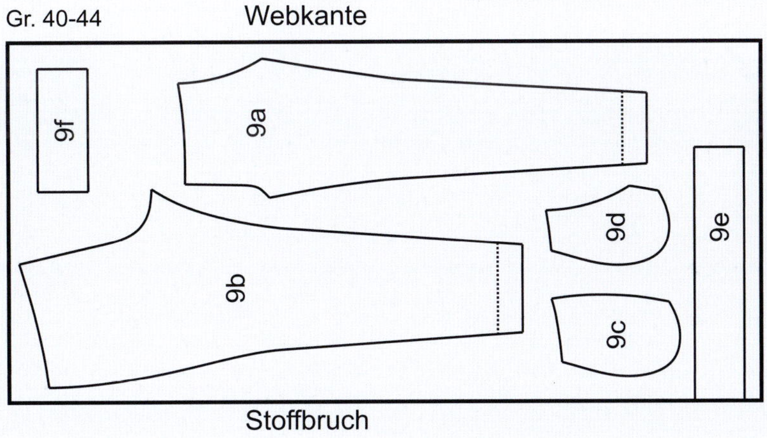

Zuschneiden

Nahtzugaben: An allen Kanten 1 cm Nahtzugabe hinzufügen.

- 2-mal Vorderhose 9a
- 2-mal Hinterhose 9b
- 2-mal Tasche 9c
- 2-mal Taschenbeleg 9d
- 1-mal Hosenbund 9e im Stoffbruch
- 2-mal Hosenbeinbündchen 9f

2a

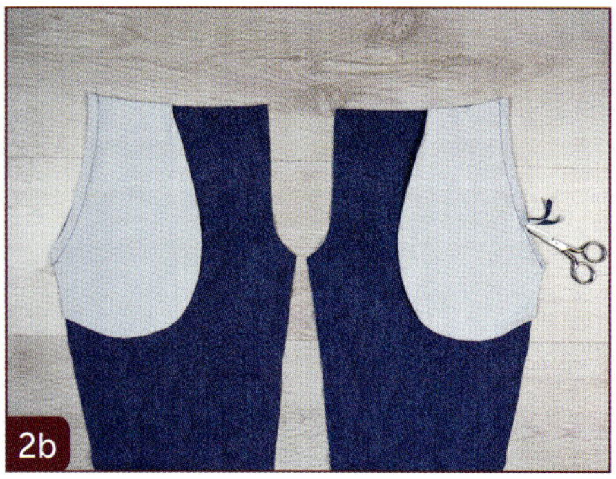
2b

2c

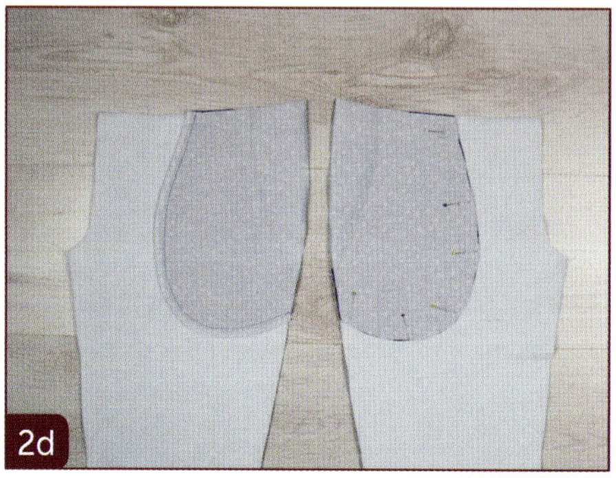
2d

2e

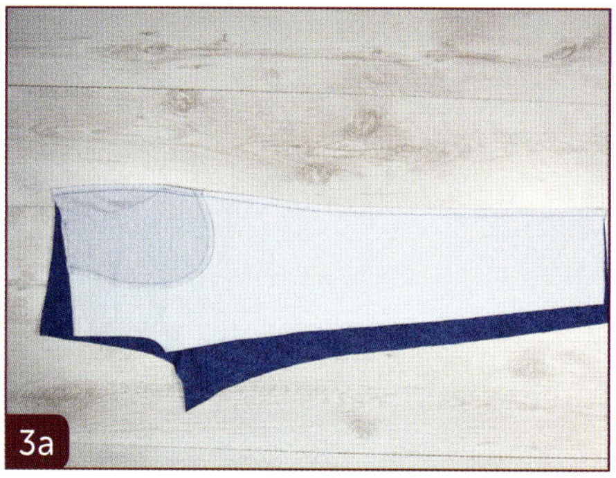
3a

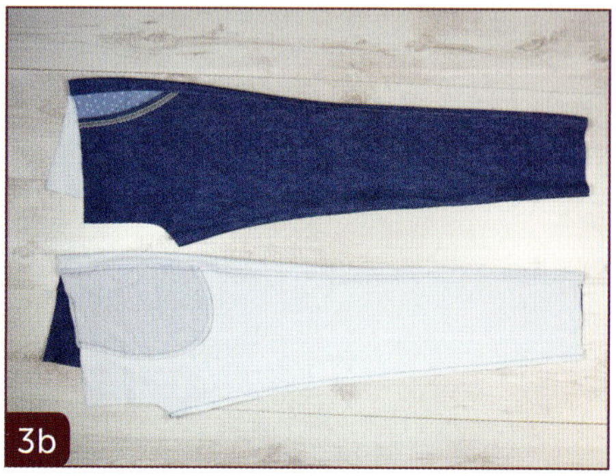
3b

3c

4a

So wird's gemacht

Für diesen Schnitt **nur** elastische Stoffe verwenden. Alle Nähte sollten ebenfalls elastisch sein, verwende zum Nähen eine Jerseynadel, siehe auch »Was Du wissen solltest«, Seite 9 f.

1 Alle Teile laut Zuschneideplan zuschneiden.

2 **Tasche nähen:** Den Taschenbeleg rechts auf rechts an den Tascheneingriff der Vorderhose stecken und festnähen **2a**. Die Nahtzugaben zurückschneiden und jeweils an der Rundung in 1,5 cm breiten Abständen bis dicht an die Naht einknipsen **2b**.

Die Taschenbelege nach innen wenden, die Kante bügeln und füßchenbreit absteppen. Das Zierband einen knappen Zentimeter vom Rand entfernt an die Taschenkante stecken **2c** und annähen. Die Taschenbeutel rechts auf rechts an die Außenkanten der Taschenbelege stecken **2d** und an der gerundeten Kante festnähen. Die Nahtzugaben zusammen versäubern. Dann die Taschenbeutel an der Seiten- und Taillenkante der Vorderhose knappkantig festheften **2e**.

3 **Nähte:** Jeweils die passende Vorder- und Hinterhose rechts auf rechts an der Seitennaht zusammenstecken, die Nähte schließen, die Nahtzugaben zusammen versäubern **3a** und zu einer Seite bügeln, anschließend nach Wunsch absteppen. Dann die inneren Beinnähte rechts auf rechts zusammenstecken. Die Nähte schließen und die Nahtzugaben zusammen

4b

4d

5b

4c

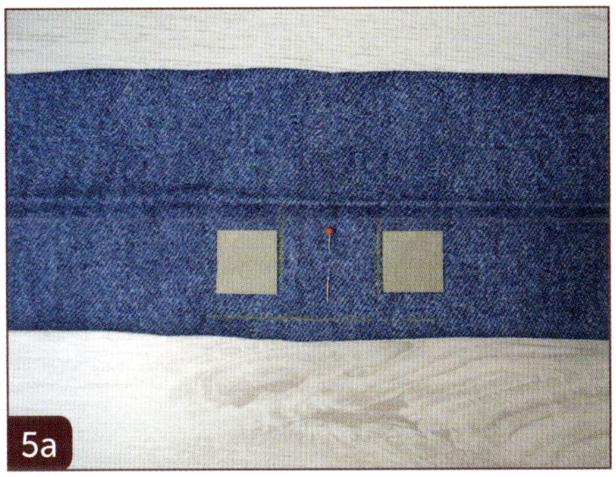
5a

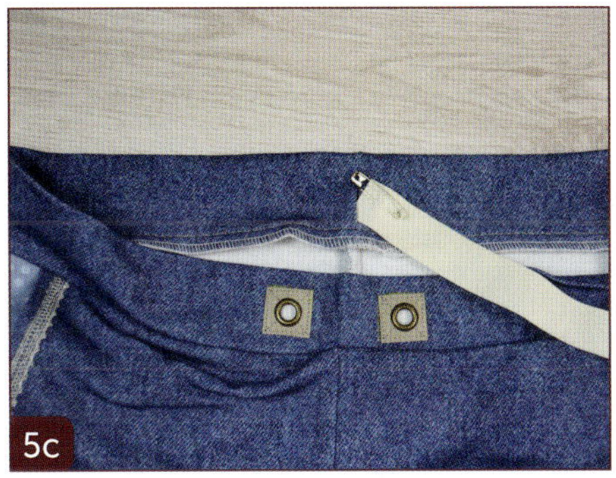
5c

versäubern **3b**. Zum Schluss die Schrittnaht schließen, hierzu ein Hosenbein auf rechts wenden und in das andere Hosenbein schieben, sodass die Beine rechts auf rechts liegen. Die Schrittnaht stecken, nähen und anschließend die Nahtzugaben zusammen versäubern **3c**.

4 Hosenbeinbündchen: Das Bündchen zum Ring schließen, dazu die kurzen Seiten rechts auf rechts zusammennähen. Dann die Bündchen links auf links doppelt legen, sodass die Längskanten aufeinanderliegen und sie die fertige Breite erhalten **4a**. Um die Bündchen gleichmäßig gedehnt annähen zu können, unterteilt man deren Gesamtweite mit Markierungsnadeln in zwei Teile. Dafür das Bündchen flach hinlegen, sodass die Naht genau an einer Seite liegt. Die erste Nadel genau auf die Naht stecken, eine zweite genau gegenüber an der anderen Seite. An der Hosenbeinkante genauso vorgehen **4b**. Das Bündchen jeweils rechts auf rechts über das Hosenbein stülpen und an den Markierungsnadeln passgenau aufeinanderstecken. Zwischen den Markierungsnadeln das Bündchen leicht dehnen und ebenfalls am Hosenbein feststecken **4c**. Dann sieht die Hose so aus **4d**.

5 Taillenbund: Die Markierungen für die Quadrate laut Schnittmuster mit einem Trickmarker oder Schneiderkreide auf das Bündchen übertragen **5a**. Die Quadrate entsprechend platzieren, einmal rundum und anschließend nochmal kreuzförmig zu den Ecken hin auf dem Bündchen feststeppen. Nun die Löcher für die Ösen mittig in die Quadrate stanzen und danach die Ösen anbringen. Bitte hierzu auch die Angaben des Ösen-Herstellers beachten **5b**. Anschließend das Bündchen zum Ring schließen, d.h. die kurzen Seiten rechts auf rechts zusammennähen. Hierbei zum Einziehen des Gummis an der Bundinnenseite, also auf der Hälfte ohne Ösen, ein Stück offen lassen. Dann das Bündchen links auf links doppelt legen und die Gesamtweite von Bund und Taillenkante jeweils mit Markierungsnadeln in vier Teile teilen. Genauer beschrieben wird das beim Fake-Wickelrock Dublin auf Seite 36 unter Punkt 5. Das Bündchen passgenau rechts auf rechts an die Taillenkante stecken und mit einem elastischen Stich annähen, die Ösen zeigen hierbei nach außen. Die Nahtzugaben zusammen versäubern.

Damit das Bündchen perfekt sitzt, wird das Gummiband mithilfe einer Sicherheitsnadel durch die Öffnung ins fertig angenähte Bündchen gezogen **5c** und die Öffnung anschließend mit ein paar Handstichen zugenäht. Nun fehlt nur noch die Kordel, die ebenfalls mit einer kleinen Sicherheitsnadel durch die Ösen in den Bund gezogen wird.

Husum

Mantel

Größe: 34–44 • **Schwierigkeitsgrad:** ✂✂✂ • **Schnittteile:** 14a bis 14h auf Bogen B

Wenn Du in diesem Buch nach Deinem Masterpiece Ausschau hältst, hast Du es mit Mantel Husum gefunden. Dieses wunderschöne Lieblingsstück verlangt ein bisschen Zeit und Geduld, aber der Aufwand lohnt sich, denn es wird Dich jeder darum beneiden! Weil das Einnähen des Zwei-Wege-Reißverschlusses ein bisschen tricky ist, haben wir die Anleitung besonders ausführlich gestaltet.

Material

- Oberstoff: 200 cm Merino-Jacquard in Weiß-Hellgrau, 140 cm breit
- Futter: 105 cm Baumwollstoff mit Punkten, 140 cm breit
- Zwei-Wege-Reißverschluss, 90 cm lang

Tipp zum Modell: Wenn Dir das Einnähen des Reißverschlusses Kopfzerbrechen bereitet, kannst Du Mantel Husum auch als Cardigan ohne Verschluss nähen. Wähle hierzu einen fließenden Strick- oder kuscheligen Sweatshirtstoff aus und trage ihn wie eine lässige, lange Strickjacke. Auch die aufgenähten Taschen kannst Du einfach weglassen, wenn Du es weniger kompliziert magst.

Zuschneiden

Nahtzugaben: Die Saumzugaben von 4 cm sind bereits im Schnitt enthalten. An der vorderen Kante zum Einnähen des Reißverschlusses 1,5 cm an allen anderen Kanten (je nach Volumen des Stoffs) 1–1,5 cm Nahtzugabe hinzufügen. Wenn der Stoff nicht ausfranst, werden die Taschen ohne Nahtzugabe zugeschnitten und können dann einfach knappkantig aufgenäht werden.

Der Mantel wird nicht komplett gefüttert. Verwende daher bevorzugt Stoffe, die nicht ausfransen, wie Strick-Jacquard, Walkstoffe, Fleece oder auch gekochte Wolle. Sollte der ausgewählte Stoff fransen, müssen die Kanten wie gewohnt versäubert oder dekorativ mit einem Schrägband eingefasst werden.

Oberstoff

- 2-mal mittleres Vorderteil 14a
- 2-mal seitliches Vorderteil 14b
- 1-mal mittleres Rückenteil 14c im Stoffbruch
- 2-mal seitliches Rückenteil 14d
- 2-mal Ärmel 14e
- 2-mal Kapuze 14f
- 2-mal Taschenbeutel 14g
- 2-mal Taschenstreifen 14h nach Maß: Breite 3 cm, Länge wie Oberkante des Taschenbeutels

Futter

- 2-mal mittleres Vorderteil 14a (= vorderer Beleg)
- 2-mal Kapuze 14f

Tipp: Falls Dein Stoff eine besonders schöne Webkante hat, kannst Du diese für die Taschenstreifen verwenden, ansonsten werden die Streifen ganz normal aus Oberstoff zugeschnitten.

Zuschneideplan

Oberstoff

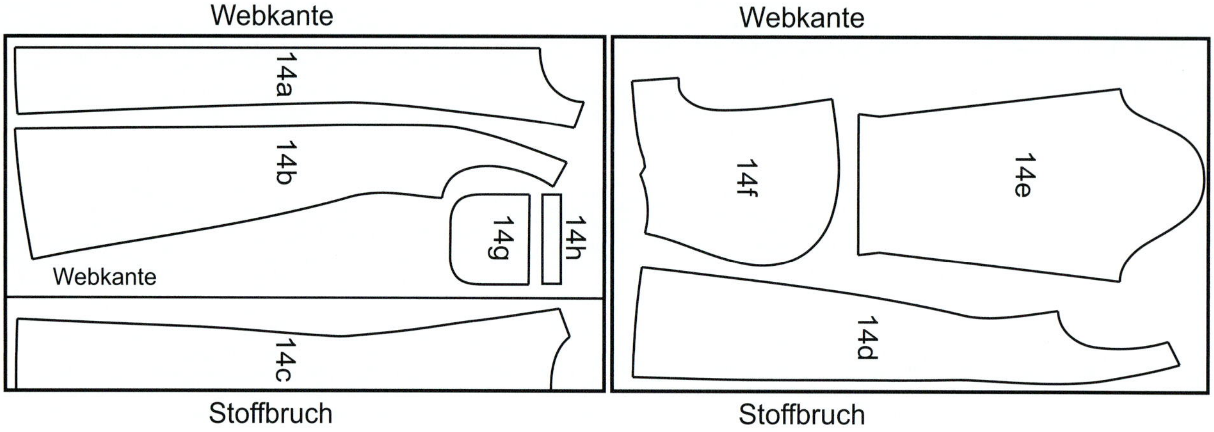

Futter

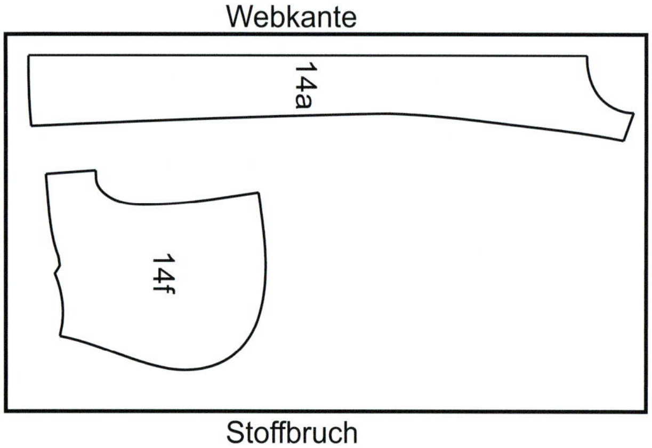

So wird's gemacht

Alle Nähte sollten möglichst elastisch sein, verwende zum Nähen je nach Material eine Jerseynadel, siehe auch unter »Was Du wissen solltest«, Seite 9 f.

1 Alle Teile zuschneiden, wie auf dem Zuschneideplan zu sehen.

Wichtig: Übertrage die im Schnitt eingezeichneten Passzeichen entweder mit einem kleinen Knips (max. 3 mm tief) auf den Stoff oder stecke jeweils auf Höhe der Markierung eine Nadel.

2 **Teilungsnähte:** Die seitlichen Vorderteile jeweils rechts auf rechts an das mittlere Vorderteil stecken **2a**, hierbei die Passzeichen beachten. Nähte schließen und die Nahtzugaben auseinanderbügeln. Anschließend die Teilungsnähte zu beiden Seiten füßchenbreit absteppen **2b**. Beim Rückenteil genauso vorgehen.

3 **Taschen und Nähte:** Die Taschenstreifen links auf rechts bündig auf die oberen Taschenkanten legen und jeweils knappkantig annähen **3a**. Die Taschen, wie im Schnitt eingezeichnet, auf den Stoff stecken **3b** und an den Seiten und unten jeweils knappkantig aufnähen **3c**. Die Schulter- und Seitennähte rechts auf rechts schließen, die Nahtzugaben auseinanderbügeln **3d** und die Nähte wie die Teilungsnähte zu beiden Seiten füßchenbreit absteppen.

2a

2b

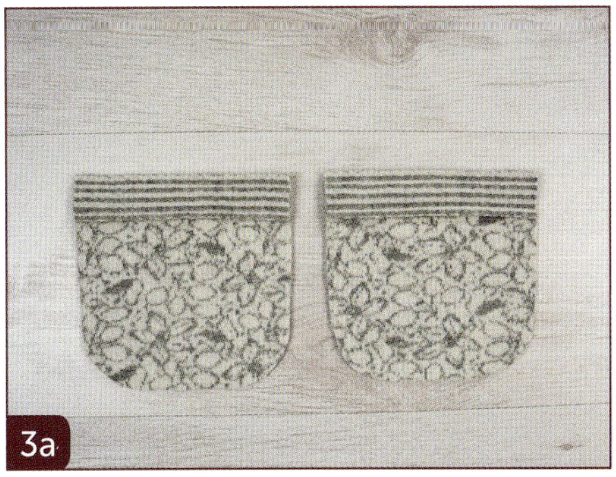
3a

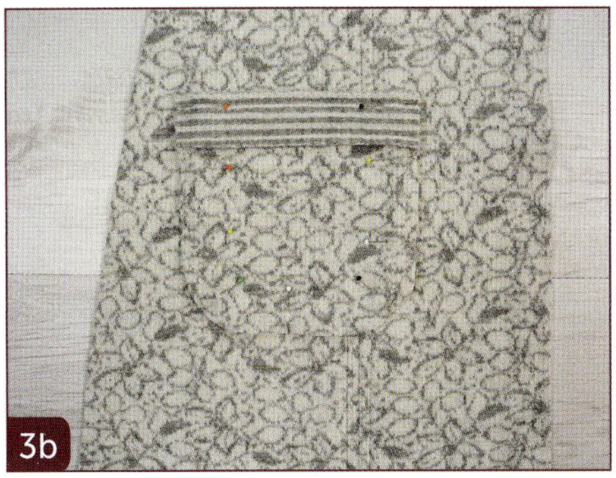
3b

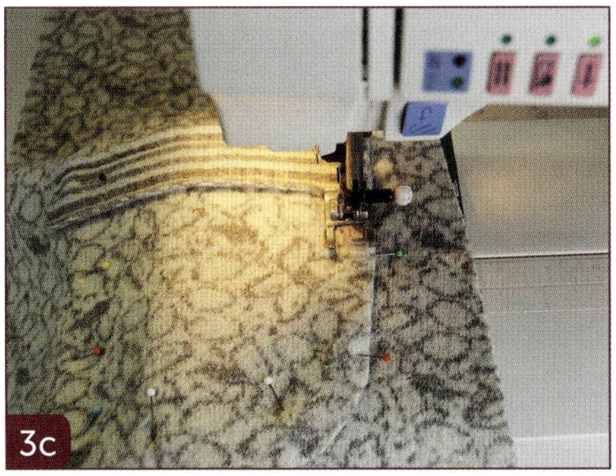
3c

3d

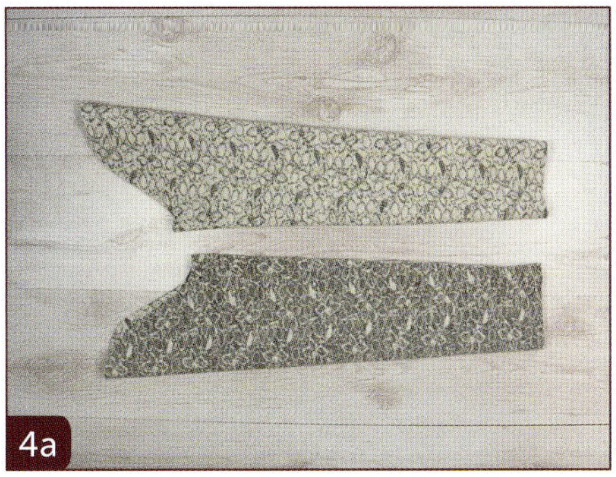
4a

4b

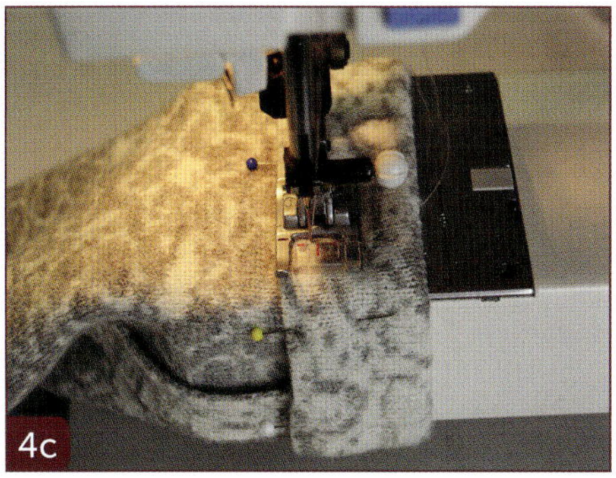
4c

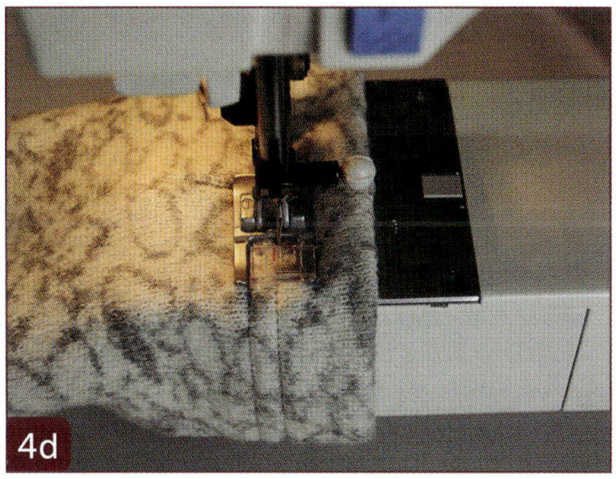
4d

4e

4f

4 **Ärmel und Nähte:** Die Ärmelnähte rechts auf rechts schließen **4a**. Den Ärmelsaum 4 cm breit nach links umlegen und feststecken **4b**. Anschließend den Saum von links entlang der oberen Kante knappkantig feststeppen **4c**. Damit die typische Doppelnaht entsteht, wird noch ein zweites Mal parallel zur vorher genähten Naht in gewünschter Breite von rechts abgesteppt **4d**. Dann die Ärmel rechts auf rechts in die Armausschnitte stecken. Hierbei treffen die Seitennähte sowie Schulterpunkte und Schulternähte jeweils aufeinander **4e**. So sieht der Mantel nun aus **4f**.

5a

5b

6a

5 Oberstoff-Kapuze: Die Abnäher in den Kapuzenteilen rechts auf rechts schließen, dabei darauf achten, dass die Abnäher an den Spitzen schmal auslaufen. Die Abnäher flach nach vorne bügeln **5a**. Die Kapuzenmittelnaht rechts auf rechts schließen und die Kapuze dann rechts auf rechts mithilfe der Passzeichen an den Halsausschnitt stecken und nähen. Die Nahtzugaben in die Kapuze bügeln und die Naht füßchenbreit absteppen **5b**.

6 Reißverschluss einnähen: Zuerst den Reißverschluss ganz öffnen. Um die Reißverschlusslänge zu überprüfen, legst Du den Reißverschluss an die vordere Kante, sodass er genau oben am Steg der Kapuze endet. Falls so unten noch 14 bis 19 cm Stoff unterhalb des Reißverschlusses überstehen, steckst Du den Reißverschluss so fest. Falls weniger als 14 cm überstehen, schiebst Du den Reißverschluss weiter nach oben und lässt ihn an der Stegkante weiter überstehen, sodass unten mindestens 14 cm frei bleiben. Später wird das überstehende Ende einfach abgeschnitten. Der Abstand zwischen vorderer Kante und Reissverschlusszähnchen soll 1,5 cm groß sein **6a**. **Achtung:** Die Zähnchen des Reißverschlusses zeigen beim Annähen von der Kante weg und das Reißverschlussband liegt nah an der vorderen Kante! Nähst Du einen Reißverschluss aus Metall ein, und musst diesen oben etwas überstehen lassen, kannst Du sicherheitshalber die Zähnchen in Höhe der Nahtzugaben aus dem Band entfernen, damit Dir beim Übernähen nicht die Nadel abbricht. Den Reißverschluss mit Reihgarn oder doppelseitigem Textilklebeband fixieren und anschließend mit dem Reißverschlussfüßchen festnähen.

6b

6c

6d

6e

6f

6g

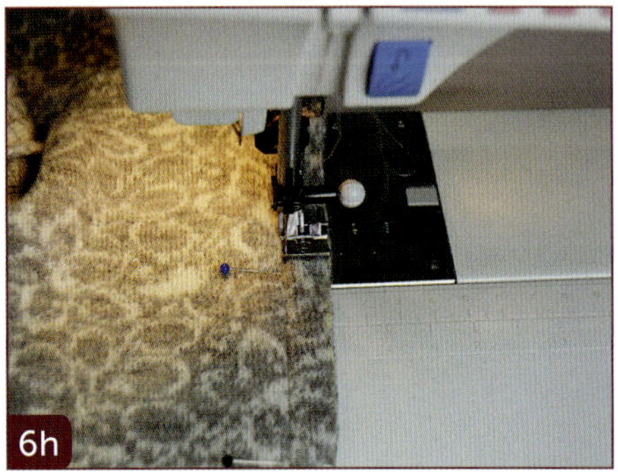
6h

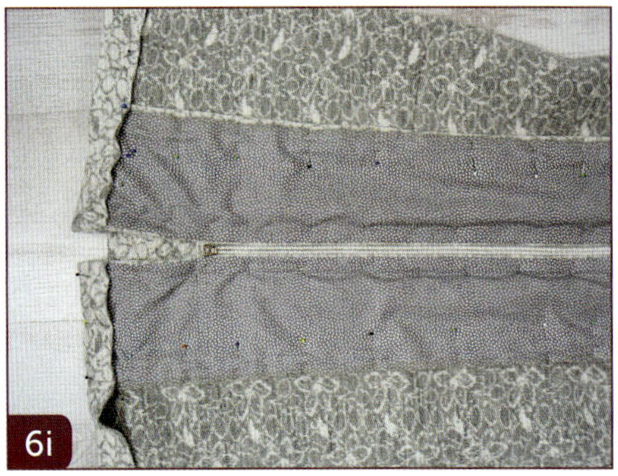
6i

6j

Die zweite Reißverschlussseite ebenso annähen **6b**. Den Mantelsaum 4 cm breit nach links umstecken und die Kante bügeln **6c**. Die vorderen Belege rundum versäubern. Dann jeweils den Beleg rechts auf rechts über dem Reißverschluss und genau an der vorderen Kante entlang feststecken **6d**, sodass der Beleg oberhalb der Kapuzenansatznaht ca. 1 cm breit übersteht **6e**. Unten endet der Beleg an der Saumkante, wo er über der Saumzugabe des Mantels festgesteckt wird **6f**. Hier siehst Du, wie Reißverschlussende und Saum unter dem Beleg liegen **6g**. Den Beleg von oben bis zum unteren Ende annähen. Damit der Abstand beim Annähen des Belegs der gleiche ist wie beim Annähen des Reißverschlusses, nähst Du am besten auf der Oberstoffseite einfach nochmal genau über die bereits genähte Naht **6h**. Den Beleg und die Saumecke auf rechts wenden. Anschließend den Mantel glatt hinlegen, den Saum rundum feststecken und auch die Belege jeweils an der vorderen Teilungsnaht feststecken **6i**. Den Saum so feststeppen, wie beim Ärmel beschrieben. Anschließend die vorderen Kanten je-

6k

7c

7a

7d

7b

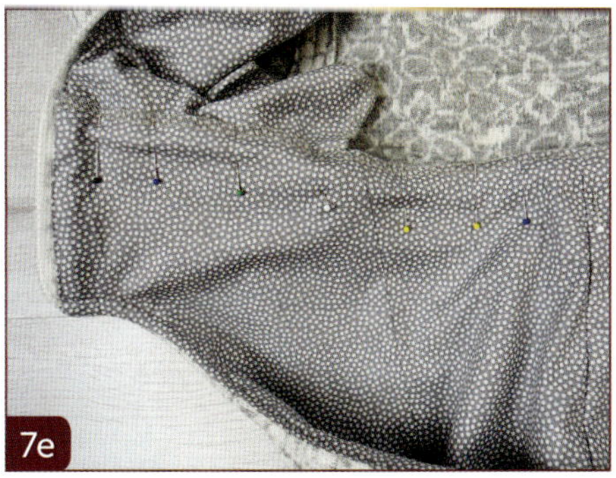
7e

weils mit dem Reißverschlussfüßchen ca. 1 cm breit absteppen, hierbei wird der Beleg mitgefasst **6j**. So sieht der Mantel jetzt aus **6k**.

7 **Futterkapuze:** Die Abnäher in den Kapuzenteilen rechts auf rechts schließen, die Abnäher flach bügeln und die Kapuzenmittelnaht rechts auf rechts schließen **7a**. Anschließend die untere Kante der Kapuze versäubern. Dann die Futterkapuze rechts auf rechts an die Gesichtsöffnung der Oberstoffkapuze stecken **7b** und annähen, die überstehenden Enden des Reißverschlusses abschneiden. Die Nahtzugaben etwas zurückschneiden und im Bereich der Rundung mehrfach bis dicht an die Naht einknipsen. Die Kapuze auf rechts wenden und die Kante bügeln. Anschließend die vordere Kante des Kapuzenstegs einschlagen und über dem Beleg feststecken **7c**. Die Kante von rechts in der gleichen Breite wie die restliche Reißverschlusskante feststeppen. Die Gesichtsöffnung ebenfalls in gewünschter Breite absteppen **7d**. Zum Schluss die noch offene, untere Kante der Futterkapuze über die Halsausschnittkante legen, feststecken und eventuell mit Reihgarn festheften. Die Halsausschnittkante von rechts, genau über der bereits genähten Steppnaht festnähen **7e**.

8 Die festgesteckten Belege von rechts im Nahtschatten der Teilungsnähte feststeppen, hierbei aber die Taschenbereiche aussparen.

Susanne Troidl

Sus.ArT.ig

Sus ArT.ig

Mehr zu Susanne Troidl findest Du auf Seite 49.

Helsinki

Poncho

Größe: 34–44 • **Schwierigkeitsgrad:** ✂ • **Schnittteile:** 13a und 13b auf Bogen A

Ponchos sind gerade wieder total hip ... und es ist schnell klar, warum! Diese mega bequemen Kuschelteile zum Überwerfen sind an kühleren Tagen der perfekte Ersatz für Strickpullis und -jacken. Großzügig geschnitten kannst Du Dich bequem hineinkuscheln, egal ob abends auf Balkon oder Terrasse, beim Spaziergang mit Kind und Kegel oder beim gemütlichen Stadtbummel mit der Freundin. Für eins ist auf jeden Fall immer gesorgt: die maximale Bewegungsfreiheit!

Material

- 165 cm Lieblings-Jacquard, 150 cm breit (ist der Stoff nur 140 cm breit, kannst Du in der Länge etwas wegnehmen und die seitliche Rundung zur neuen Kante auslaufen lassen)
- **für Variante 1:** feiner Strickstoff in Kirschrot
- **für Variante 2:** gemusterter Jersey-Jacquard mit Zopfmuster in Ecru (siehe Seite 76 bei Hose Göteborg)

Tipp zum Modell: Mein ganz persönliches Highlight: Bändige die Weite des Ponchos doch auch einmal mit einem schmalen Gürtel ... das sieht nicht nur cool aus, sondern bringt Dein Lieblingsstück auch gleich noch auf Figur!

Zuschneiden

Keine Nahtzugabe hinzufügen! Der Schnitt enthält bereits die Saumzugabe von 2 cm bzw. 1 cm Nahtzugabe für Halsausschnitt und Rollkragen.

- 1-mal Poncho 13a im Stoffbruch
- 1-mal Rollkragen 13b im Stoffbruch

So wird's gemacht

Für dieses Schnittmuster **sind Strickstoffe** die beste Wahl, es können voluminöse oder auch feine Qualitäten verarbeitet werden. Alle Nähte sollten elastisch sein, verwende zum Nähen eine Jerseynadel, siehe auch unter »Was Du wissen solltest«, Seite 9 f.

Zuschneideplan

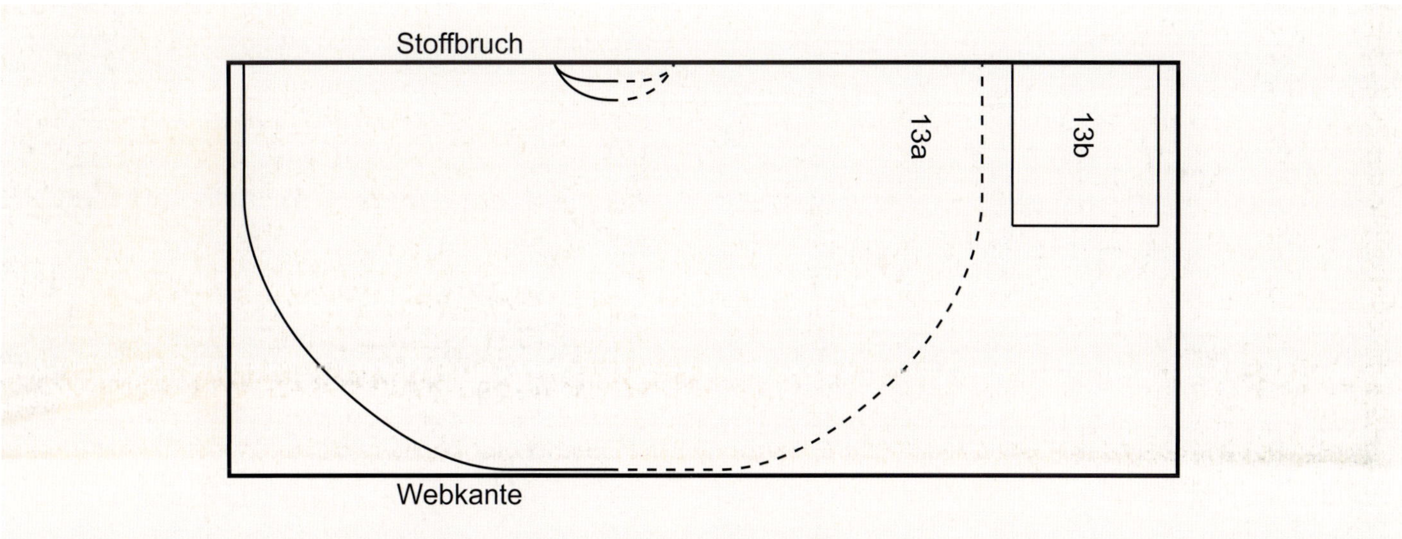

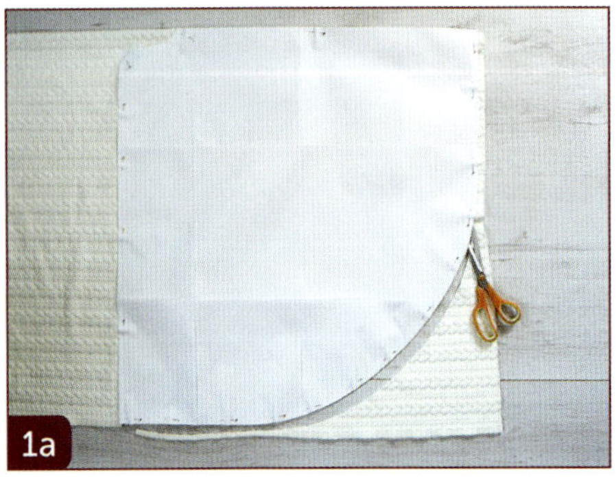

1a

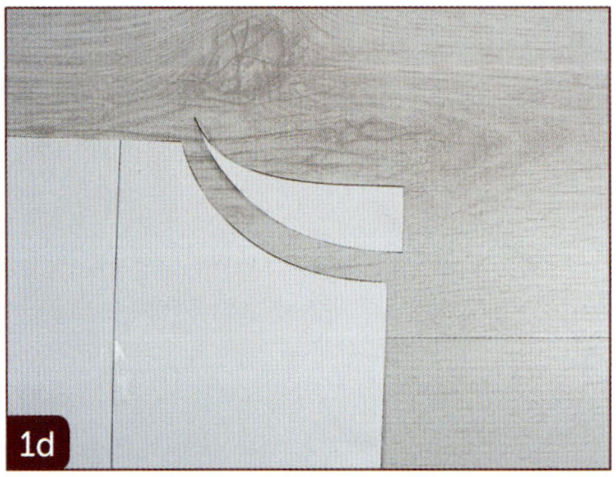

1d

3a

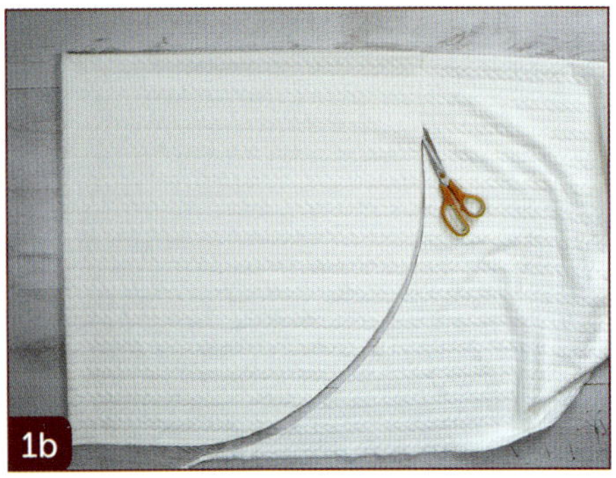

1b

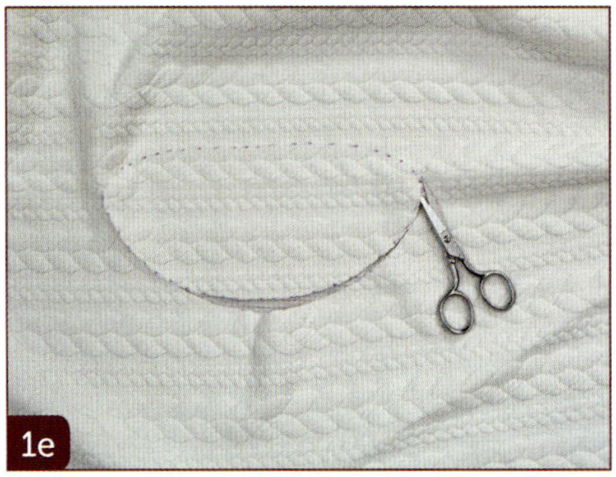

1e

3b

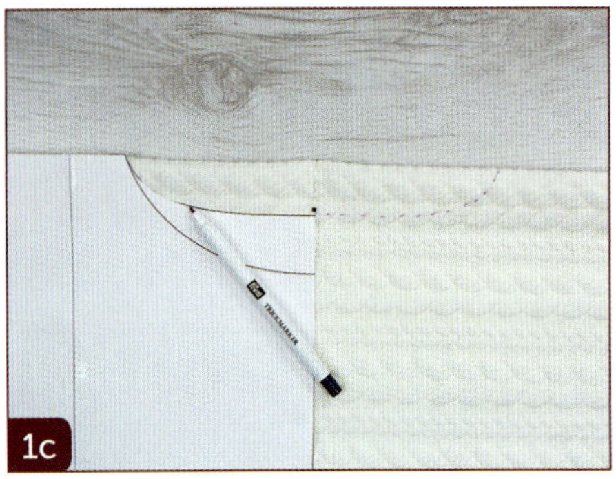

1c

2

3c

1 Zuschnitt: Lege den Stoff in der gesamten Länge und Breite rechts auf rechts zur Hälfte gefaltet vor Dich hin – die Webkanten liegen hierbei aufeinander. Das Schnittteil entspricht genau einem Viertel des gesamten Ponchos. Das Schnittteil nun so auf dem Stoffstück platzieren, dass die gerundete Seite dicht an einem Ende des Stoffstücks liegt. Stecke den Papierschnitt fest und schneide den Stoff entlang der Rundung ab **1a**. Markiere anschließend die vordere/hintere Mitte des Ponchos, indem Du dicht an der Papierkante entlang Stecknadeln steckst. Nun den Papierschnitt vom Stoff entfernen und die Stoffseite mit der abgeschnittenen Rundung genau an der mit Stecknadeln markierten Kante zur anderen Seite umschlagen. Dann die Rundung für die zweite Seite einfach entlang der bereits bestehenden Schnittkante ausschneiden **1b**. Den vorderen und hinteren Halsausschnitt jeweils mit einem Trickmarker oder Schneiderkreide direkt auf den Stoff zeichnen. Mit der hinteren, kleineren Halsrundung beginnen. Zuerst die eine, anschließend die zweite Seite des hinteren Ausschnitts anzeichnen. Orientiere Dich hierbei an den zuvor gesteckten Markierungen für die vordere und hintere Mitte **1c**. Nun das Papier bis zum eingezeichneten vorderen Halsausschnitt wegschneiden **1d**. Mithilfe des Schnittteils, wie eben beschrieben, beide Seiten des vorderen Halsausschnitts auf der anderen Stoffseite anzeichnen. Den Stoff auseinanderfalten und den kompletten Halsausschnitt entlang der angezeichneten Linie ausschneiden **1e**. Aus dem Reststück des Stoffs wird zum Schluss noch der Rollkragen im Stoffbruch zugeschnitten.

3d

2 Saum nähen: Die Saumkante rundherum versäubern. Zum Feststecken des Saums eine Linie mit 4 cm Abstand zur Kante (= doppelte Saumbreite) mit einem Trickmarker oder Schneiderkreide auf die linke Stoffseite des Ponchos zeichnen. Dann die Saumkante rundum genau bis zur Markierung umlegen, feststecken und die Kante bügeln **2**.

Tipp: Falls Du auf Deinem Stoff die Markierungen nur sehr schlecht sehen kannst, kannst Du alternativ die Saumbreite schrittweise abmessen und gleich feststecken.

Den Saum rundum knappkantig von links feststeppen.

3 Rollkragen nähen: Die vordere bzw. hintere Mitte und die Schulterpunkte am Poncho jeweils mit Stecknadeln markieren. Das geht am besten, indem Du den Papierschnitt noch mal auf den Poncho legst und jeweils Stecknadeln zur Markierung platzierst **3a**. Den Kragen rechts auf rechts zur Hälfte falten und an der hinteren Mitte (= kurze Seiten) zusammenstecken. Die Naht schließen **3b**. Den Kragen links auf links doppelt legen, sodass die Längskanten aufeinanderliegen und der Kragen die fertige Breite erhält. Die Längskanten aufeinanderstecken und die offene Kragenkante in vier gleich große Teile unterteilen, indem auch hier Stecknadeln zur Markierung gesetzt werden **3c**. Den Kragen mit der offenen Kante rechts auf rechts an die Ausschnittkante stecken, hierbei liegen die Markierungen von Kragen und Ausschnittkante an vorderer und hinterer Mitte sowie an den Schulterpunkten genau übereinander **3d**. Den Kragen annähen und die Nahtzugaben am Ausschnitt zusammen versäubern.

Impressum

Texte, Ideen, Entwürfe, Realisation und
Steppfotos: Mechthild Wichard
Fotos: Seite 90–93: Nina Wichard
Alle anderen Fotos: Florian Bilger Fotodesign
Styling: Anna Munz
Projektmanagement: Beate Schmitz
Lektorat: Beate Schmitz
Umschlaggestaltung: Sophie Schillo
Satz: Silke Schüler
Repro: LUDWIG:media
Herstellung: Stephanie Schlemmer
Printed in Italy by Printer Trento

In diesem Buch wird aus Gründen der besseren Lesbarkeit das generische Maskulinum verwendet. Weibliche und anderweitige Geschlechteridentitäten werden dabei ausdrücklich mitgemeint, soweit es für die Aussage erforderlich ist.

ISBN 978-3-8410-6607-7

★★★★★

Sind Sie mit diesem Titel zufrieden? Dann würden wir uns über Ihre Weiterempfehlung freuen. Erzählen Sie es im Freundeskreis, berichten Sie Ihrem Buchhändler oder bewerten Sie beim Onlinekauf. Und wenn Sie Kritik, Korrekturen, Aktualisierungen haben, freuen wir uns über Ihre Nachricht an:
Christophorus Verlag, Postfach 40 02 09, D-80702 München
oder per E-Mail an lektorat@verlagshaus.de

Unser komplettes Programm finden Sie unter
www.christophorus-verlag.de

HERSTELLERVERZEICHNIS:

Ein herzliches Dankeschön an unsere Stoffsponsoren:

- Glückpunkt., Mirja & Götz-Daniel Jantsch, Wendisch Evern, www.glueckpunkt.de
- Stoffonkel GmbH, Stahnsdorf, www.stoffonkel.de
- Stoffe Brünink & Hemmers GmbH, Nordhorn, www.stoffe-hemmers.de
- Albstoffe - Maute + Renz Textil GmbH, Albstadt-Tailfingen, www.mr-creation.de/albstoffe
- Firma Vollstoff, Birgit Schaberg, Hagen, www.facebook.com/VollStoff-Hagen-1421640811434839

Weitere Stoffe stammen von:

- fabfab GmbH, Schenefeld, www.stoffe.de
- Hilco Textil GmbH, Leinfelden-Echterdingen, www.hilco-store.de
- Tuchgroßhandlung Josef Volkermann, Münster, www.stoffe-volkermann.de

Die Deutsche Nationalbibliothek verzeichnet diese Publikation in der Deutschen Nationalbibliografie; detaillierte bibliografische Daten sind im Internet über http://dnb.d-nb.de abrufbar.

Kreativ-Service

Sie haben Fragen zu den Büchern und Materialien? Frau Erika Noll ist für Sie da und berät Sie rund um alle Kreativthemen. Rufen Sie an! Wir interessieren uns auch für Ihre eigenen Ideen und Anregungen. Sie erreichen Frau Noll per E-Mail: mail@kreativ-service.info oder Tel.: +49 (0) 5052/911858

Besuchen Sie uns im Internet: www.christophorus-verlag.de